U1071353

/ HONGLINGJIN YU CHUNJIE /

红領巾與春姐

潘 平/编

人民出版社

2016 年 10 月 27 日，《“双枪”春姐》赠书仪式在湖北省黄石市广场路英才学校举行

贾春英的孙子潘平（中）在赠书现场发表演讲，讲述奶奶贾春英的革命故事

学校四、五、六年级近千名学生参加了赠书仪式

学生代表接受赠书

拿到赠书，同学们迫不及待地翻阅起来

学生们在课堂上认真学习《“双枪”春姐》

CONTENTS

目录

红领巾与春姐

序：一本连环画传递的爱国情怀

石仲泉

这是一本有故事有情感的书，也是一本别具一格的书。为什么这样说呢？因为这本书的作者是一群活泼可爱的小学生。这些小学生稚嫩又真挚的文字，常常让我会心一笑，心里涌现出很多暖意。

小作者们是哪里的呢？他们就是湖北省黄石市广场路英才学校的孩子们。事情是这样的：2016 年团结出版社出版了一本连环画——《“双枪”春姐》，这本连环画由青年作家余玮编著，青年画家龙翔绘图，共同创作完成。它栩栩如生地记录了“双枪”春姐贾春英的传奇一生及其丈夫潘涛抗击日寇的英勇事迹，是青少年接受红色教育的上佳作品。

《“双枪”春姐》连环画出版后，贾春英的嫡孙潘平先生向湖北省黄石市广场路英才学校捐赠了近千本，供学校师生传阅。爱学习的孩子们读完连环画《“双枪”春姐》后，写出了一篇篇感人至深的读后感。潘平先生看到这些读后感甚为激动，决定将这些孩子的文字连缀起来，编撰成摆在我们面前的这本书——《红领巾与春姐》。

《红领巾与春姐》是本很有温度的书。“双枪”春姐贾春英的传奇故事就发生在包括湖北省黄石市在内的由彭德怀创建及战斗过的湘鄂赣苏区。20 世纪，革命先辈们浴血奋战的故事以图文并茂的形式传递给 21 世纪的祖国小花朵们，而这些孩子们也将自己对革命先辈们的敬佩和热爱之情以文字的形式表达出来。隔了近百年的历史，生活在和平年代的孩子们穿越时空向已去世的革命先辈表达敬意、汇报思想，几代人的情感交汇在一起。孩子们胸前飘动的红领巾和烈士们的鲜血交相辉映。

看到这些孩子写的文字，我的脑海中不时会浮现出那些革命先烈的童年——比如，这本连环画的主人公贾春英，她的童年是怎样的呢？贾春英 1912 年出生于湖北阳新县的一个小山村。那时是旧社会，反动军阀、封建地主统治的年代。春姐因为从小家贫，被父母送给别人家当童养媳。她过着吃不饱穿不暖，衣不遮体、食不果腹的日子，小小年纪就要下农田、扯猪草、捡木柴、生火做饭，活儿没干好，还要挨打。哪里有条件上学啊！

生活在新时代的孩子们的童年又是怎样的呢？不愁吃穿，坐在冬暖夏凉的教室里读书。家庭比较富裕的孩子，寒暑假还可以跟着父母去远方旅游。他们生活在一个祥和安宁的社会里，不但拥有美好的现在，还可以畅享更加美好的未来。有无数理想等待去实现，一个个梦幻般的愿景靠他们变成现实。

这些是贾春英小时候不敢奢望的啊！短短近百年时间，我们的生活就发生了如此翻天覆地的变化。

是谁让我们的生活发生了如此巨变？是谁让孩子们的童年由凄惨变得美好？是千千万万个牺牲的“潘涛”和无数个英勇的“贾春英”们，是千千万万个流血的烈士们啊！他们用鲜血和生命换来了现在我们祥和安宁的生活环境。在湘鄂赣苏区，贾春英13岁参加革命，15岁因为表现优异而加入中国共产党，18岁成为直属中央领导的鄂东特委妇委书记。潘涛年纪轻轻就参加了毛泽东主办的武昌中央农民运动讲习所，在那里接受了革命的启蒙。自古英雄出少年，贾春英和潘涛年少英勇的故事感染着孩子们。

习近平总书记指出，一个有希望的民族不能没有英雄；一个有前途的国家不能没有先锋。贾春英和潘涛就是他们那个年代千千万万革命英雄的代表。每个时代都有每个时代的特征，也都有属于每个时代的使命。在那个战火纷飞硝烟弥漫的时代中，贾春英和潘涛选择了勇敢、奉献、浴血奋战，用鲜血和生命完成了时代赋予他们的使命。现在的孩子们，要学好知识，学好本领，以自己的所学报效祖国。一个孩子在读后感中这样写道：“和平时期的我们，又该如何传承怎样的理想和信念呢？现在，我们不再为吃饱穿暖而发愁，但与经济强国相比，我们还存在一些差距。我们只有朝着日益强大不断迈进，才能缩短这些差距，中国梦才能早日实现。这，就是我们这一代人所肩负的任务。作为一名学生，我们现在能做的，就是学习，勤奋刻苦地学习。”

你瞧，爱国热情就这样通过这本连环画传递着。爱国，奉献，使命，不再是一个个抽象的名词。它变得如此具体鲜活——它就是“贾春英”和“潘涛”们，它就是孩子们心中被革命先烈的传奇故事感染后的誓言：“我们要传承红色基因，砥砺理想信念，为中华崛起而读书。”孩子们这样写着，“传承是最好的缅怀”。一本连环画，就这样在孩子们的心中种下了爱国的种子。

习近平总书记多次强调，爱国主义教育要加强，要让孩子们知道自己是从哪里来的。是的，要记住，我们是从哪里来的。这本书就是让更多的人看到，我们的青少年是需要这类书籍的，它能够触发孩子们的爱国热情，并将英雄主义深植心中，时刻准备着，为祖国的强大奉献自己的力量。

青少年是祖国未来的主人，青少年是国家希望的所在。祖国灿烂的明天要靠青少年的智慧力量与创造，期待广大青少年们能够在未来的人生道路上奋发图强，传承红色基因，永远具有爱国情怀。

孩子们，让我们一起学习革命先烈们不怕苦、不怕流血牺牲的革命精神，坚定理想信念，共同创造祖国更美好的未来！

（作者系原中共中央党史研究室副主任）

珍惜幸福生活

今天，学校发了一本书叫《“双枪”春姐》。我很喜欢绘本类的书，所以美滋滋地带回家细细品读。心里还在揣测：这个“双枪”春姐会不会就是小时候妈妈讲的故事里的“双枪”老太婆呢？

一开始，画册的绘图很吸引我的眼球，和平时看到的绘本不一样，很生动！妈妈听说讲的是革命故事，便坐下来陪我一起读。她还告诉我，她小时候的小人书画风就是和《“双枪”春姐》这本书一样的。原来妈妈小时候的绘本也是这样啊！能和妈妈一起看书真开心！

故事的开篇讲述了春姐的身世。春姐小时候真可怜！才 8 个月大就离开了爸爸妈妈，被收养成童养媳，4 岁就开始了繁重的家务农活，而且为了生存，不论刮风下雨她都要独自上山去割猪草，多危险呀！可是，春姐却说："苦难是块磨刀石！"想想我自己在家里的表现，有时候妈妈让我洗碗我还嘟囔不想洗，觉得很辛苦，割破手还要掉眼泪，可是我还比当时的春姐大几岁呢！真惭愧！

接着讲述了春姐 15 岁宣誓入党，并积极配合党组织完成各项艰巨的任务。在春姐入党后的成长历程里，我们可以通过很多的事件发现春姐有勇有谋、不畏艰难、不怕牺牲的精神。小小年纪就学会了骑马，甚至还学会了双手持枪射击！太厉害了！在她的革命生涯里，生与死的界限常常就在一线之间，而春姐早已把个人的生死置之度外！比如：1932 年 6 月，彭德怀命令贾春英赴江西完成侦察任务，此前已经牺牲了 3 批侦察员，春姐依然作答："如果连前线侦察都不敢去，那就不配我腰上的两把枪了！"简单的对话，反映出春姐何等的大无畏精神！为了解放全中国的理想，甘愿抛头颅、洒热血，将自身的生死置之度外，让我深受感动！我觉得我应该向春姐学习，要有坚定远大的理想，并为了理想而努力奋斗！

艰苦的环境时刻考验着贾春英和每一位红军指战员，在游击战争居无定所、食无保障的情况下，春姐和队员们都会用生命和鲜血来完成任务。即使被捕入狱，也绝不怀疑自己的信仰！同时在地狱般的牢狱生活里，一边是非人的皮肉折磨之苦，一边是春姐带着大家唱红色歌曲坚强度日，终于盼来了1937年的国共合作才得以安全回家。受到非人折磨的春姐，在出狱后不是急着养伤，而是继续投入到了抗战之中，可见她对党的嘱托是一刻也不能放下。这是何等的爱党、忠党为党牺牲的精神！

在丈夫牺牲，清匪反霸的斗争后，春姐选择的不是等待党组织的论功行赏，而是选择了带着孩子辞职回乡。如果不是“文化大革命”期间“大官老爷们”的造访，谁也不知道这对孤儿寡母居然是烈士家属！即使生活困苦拮据，儿女埋怨，春姐也不愿意拿红军功臣的身份向组织去要一分一厘的补贴，甘愿清贫也不愿给组织添麻烦！共产主义的信仰可以给人带来多么大的力量啊！春姐他们闹革命，不是为了自己当官，也不是为了金钱，而是为了穷人有饭吃，大家有平等和自由，所以老百姓才会拥护我们的中国共产党！

春姐13岁开始就为了民族的独立、人们的幸福奔波征战，但祖国富强了，春姐却悄悄离去了，她的一生从不炫耀功绩，从不计较待遇，唯有这一身的伤痕为她的一生留下注释。《“双枪”春姐》这本书告诉我们：传承是最好的缅怀！我们今天的幸福生活是由无数个革命先烈们用鲜血和生命换来的！我们是祖国的花朵，也是共产主义的接班人，我们要继承革命先辈的光荣传统，不怕吃苦、不怕牺牲，好好学习，为实现中华民族的伟大复兴贡献力量！

黄石市广场路英才学校401班

李圣曦

内心的激动

读完《“双枪”春姐》这篇文章，我内心非常激动。当年，贾春英跃马扬枪的革命事迹，一直在我的脑海中回荡。通过旁听别人讲解的革命道理，宣誓入党，她将自己的命运与国家、民族紧紧连接起来。

贾春英有着一个苦难的童年，在抗战革命期间，在重男轻女的封建社会里，贾春英坚信女儿身同样可以建功立业。每一次都很出色地完成任务。长期的艰苦磨炼，让她以能征善战而闻名。即使受伤被捕，面对酷刑折磨也不屈服。整个故事中，让我印象最深刻的是，当贾春英的丈夫牺牲后，她依然坚强地一边抚养孩子，一边继续从事地下情报工作，将自己投身于革命之中。生前，她坚持不要个人待遇、不要国家抚恤、不吃政府救济，高风亮节令人起敬。

通过《“双枪”春姐》这本精彩的连环画，使一段“雪藏”的红色传奇得以复活，并在今天重新闪现出光芒。读完这篇故事，我体会到老师以前给我们讲的，红领巾是用革命先烈的鲜血染红的，我们现在的美好生活来之不易，我们要好好珍惜，好好学习，天天向上，为祖国做出贡献。

黄石市广场路英才学校401班
王梓暄

“小人书”里的悲壮

读了《“双枪”春姐》我知道了“双枪”春姐的铿锵传奇及其丈夫潘涛抗击日寇的悲壮人生。

贾春英出生在贫苦的家庭，她小小年纪就被村里的一位姑妈倪氏抱做童养媳。她表哥告诉她命运要由自己掌握，贾春英受到了启发，决定加入革命，还将破坏革命者押在台前跪下。不久，她被群众称为“美丽的女侠”。她小小年纪就学会了骑马，双手持枪射击，并且参加了红五军和红八军合编成的红三军团。有一次，贾春英和一名同志在执行完任务返回的路上，遇到了国民党保安团的一个连，她利用树木作掩护，向敌人开了数十枪，打倒了 4 个敌人后，乔装打扮，过了难关。因为这次机智脱险，她获得了一个奖励——德国造的精美手枪。后来，她的丈夫被日寇杀死了，头被割下来，挂在了河边的树上示众。潘涛的牺牲对家人是个很大的打击。她一直珍藏着丈夫生前的照片、军刀、枪套等。晚年，她给自己的孙子讲革命的故事。后来，她不幸得了食道癌，最后，家人眼睁睁看着贾春英活活饿死。我们的美好生活从哪里来，是那些先辈们不怕流血牺牲，才有了现在的美好生活。我们要向她学习。

我们今天的幸福生活是先辈们用鲜血换来的，我们应该感激，应该把先辈留下的红色基因传承下去！

黄石市广场路英才学校401班

胡鑫怡

永远不忘奶奶的话

精美的连环画封面上，有一个骑着骏马、拿着双枪的人，她就是贾春英。《“双枪”春姐》这本连环画讲述了贾春英奶奶的故事。

贾春英奶奶有着一个苦难的童年，从小就肩负很重的家务和农活，十几岁上山砍柴打猪草。在一次意外中，获得表哥的救助，从此表哥带领她走上了改变命运的革命道路。在革命队伍里，贾春英奶奶凭借出色的表现，担任了重要领导职务。

贾春英奶奶在革命工作中，经受艰苦磨炼，以能征善战而闻名，参加了很多重要的战斗，敌人对她恨之入骨。她组织了近千人的女游击队，在湘鄂赣地区，跃马扬枪，威震一方。在那艰苦的年代，贾春英奶奶因叛徒出卖，英勇被捕，受过重伤，还经历了失去亲人的巨大打击，最后她都坚强地挺过来了。

我敬佩“双枪”春姐，不仅因为她坚强勇敢，智慧过人，更因为她为了贫苦人民翻身做主人，坚持同日本帝国主义和国民党反动派做斗争，她是我们的骄傲，我被她的英雄气概深深地打动。

我永远忘不了书里的一句话：“江山来之不易啊！我们今天的幸福生活是先辈们用鲜血换来的，我们应该感激先辈，应把先辈留下的红色基因传承下去”。

黄石市广场路英才学校401班

简文茜

我佩服的女英雄

读了《“双枪”春姐》这本带有历史性的连环画，我知道了一个了不起的英雄——贾春英。我佩服这位女英雄，我佩服她的勇气，敢于和敌人做不屈的斗争；我佩服她的本领，可以左右手射击，并百发百中，是一位双手持枪射击的女中豪杰；我佩服她坚定革命的信心，能多次机智勇敢地完成党交给的艰巨任务。

贾春英有一个苦难的童年，在重男轻女的封建社会中，贾春英被送到姑妈家里做童养媳，4 岁就开始承受繁重家务和劳作之苦。一个偶然的机会，贾春英遇到了姨表兄罗冠国——他是一位传播革命种子的革命者。他告诉贾春英不是她的命苦，而是她不能掌握自己的命运、不能跟命运做斗争才这么苦的。听了罗冠国的话，15 岁的贾春英毅然加入了红军，不久便加入了中国共产党。

贾春英为党的工作做出了很大的贡献。在新中国成立前，贾春英在湖北阳新和江西瑞昌交界的地方，建立起农会、妇救会。贾春英小小年纪就学会了骑马，还学会了双手持枪射击的技能和翻到马肚侧边射击的绝技。她经历了很多次的战斗，还多次到前线侦察敌情，为战斗提供了准确的信息。贾春英每次战斗总是冲锋在前，与战士们同甘共苦并肩作战，她还很关心战士们的疾苦，所以被大家亲切地称为“春姐”。当地群众也称赞贾春英是“美丽的女侠”。

有一次，她遭到叛徒的出卖，被敌人捉住了。尽管受到敌人的酷刑折磨，但她没有屈服，没有投降。后来，由于国共两党一起抗日，贾春英才从牢狱中被释放出来。出狱后，她并未停止革命，而是继续从事地下情报工作，为祖国的解放事业做出了更大更多的贡献。

新中国成立后，贾春英又被上级安排到清匪反霸的斗争中，她为了转变自己的命运和祖国的命运而生命不息、战斗不止，真令我敬佩。晚年的贾春英老人不接受党和政府给予她的各种待遇，坚持自食其力，并告诉儿孙们为什么不接受政府给予她照顾的原因。

看完《“双枪”春姐》这本连环画，我深知江山来之不易，幸福生活来之不易。我们今天的美好生活是先辈们用鲜血和生命换来的，我们应该感谢先辈，应把先辈的红色基因传承下去。

我现在还只读小学四年级，还不能为建设祖国做什么贡献，但我要努力学习，掌握更多的科学知识，长大以后把春姐等前辈们打下来的江山建设得更美好，国家更强大，人民的生活更幸福，祖国的发展更令世人羡慕。

黄石市广场路英才学校 401 班

万相辅

深深烙印在我心中

读完了《“双枪”春姐》这本书，我为自己的家乡黄石市阳新县出了这么一位传奇式的英雄人物——贾春英，而深感自豪和骄傲。

使我感受最深的，是贾春英的四种精神。其一是她克服艰难困苦的精神。4 岁就开始经历繁重的家务和劳作之苦，13 岁就上山砍柴和打猪草，15 岁参加革命……最终从磨难中成长为革命家。贾春英曾说：“苦难是块磨刀石。”其二是她聪慧好学顽强刻苦的精神。她没有读过一天书，每到一地，就通过刻苦学习快速练就熟悉当地方言的方法，与当地农民打成一片，拉近了与群众之间的距离。其三是她英勇善战坚强勇敢的革命斗争精神。小小年纪就学会了骑马，还会双手持枪射击，被当地群众称为“美丽的女侠”，连彭德怀元帅也曾为她的智勇双全高高竖起大拇指。其四是她坚贞不屈不怕牺牲的大无畏精神。1936年，贾春英遭叛徒出卖不幸被捕了。在牢里，无论敌人是假惺惺地殷勤伺候，还是血淋淋地酷刑折磨，对她来说都是徒劳的，她以大无畏的革命英雄精神坚决与反动派斗争到底。

由此，我联想到自己。生活在新中国，每天的日子过得无比幸福，生活中衣来伸手饭来张口；坐在宽敞明亮的教室里，用着高档的学习用品，听着老师耐心细致的讲解，可总是注意力不集中；回家做作业稍微碰到难一点的题就不愿意动脑筋，指望有家长教……从贾春英的精神中，我体会到了：以后要做到上课认真听讲，回家独立完成作业，碰见难题积极开动脑筋，改掉懒惰、散漫的坏毛病，做一个积极上进的好学生；要经常帮爸爸妈妈分担力所能及的家务，改掉生活上的坏毛病，培养独立自主的好习惯，成为爸妈眼中的好孩子。

贾春英这个名字已深深烙在我的心中。她为了民族的解放甘愿抛头颅、洒热血，充分体现了一个中华儿女的爱国情怀。革命先烈已离我们而去，但她们的精神永存，我们今天的幸福生活是先辈们抛头颅、洒热血换来的，我们应该懂得珍惜这来之不易的幸福生活，以实际行动来回报他们，将先辈们留下来的红色基因世世代代传承下去。

黄石市广场路英才学校402班

谌达彦

永远的歌声

“你在那个如磐的黑夜向灿烂的黎明出发，你在那个闹红的岁月把燎原的火种播撒，从此那片红色的湘鄂赣枯树发芽苦菜开花……”每当听到这熟悉的旋律，我都会肃然起敬，这首《春姐之歌》歌颂的就是我家乡的英雄——春姐，一代英华，漫天红霞！

我特别喜欢看革命故事，今天我再次品读《“双枪”春姐》，眼睛湿润了。春姐原名贾春英，出生在湖北省阳新县筠山脚下的陶港镇贾村，在重男轻女的封建社会里，她有着一个苦难的童年。15岁时，她就投身红色革命，用自己的青春谱写了一段铿锵传奇，从此“双枪春姐”的雅号名震湘鄂赣。

春姐是战场上的飞马，勇敢杀敌。她小小年纪就学会骑马，还会双手持枪射击。有一次，春姐骑马执行任务，对面是敌人手持机关枪把守的封锁线，临近跟前，她一个跟头翻到马肚下，闯了过去。在她的革命生涯中，生与死的界限常常在一线之间。贾春英经常在江西、湖南根据地从事革命工作，参加过“平江秋收暴动”“智取修水”“巧夺平江”等战役，配合部队取得“宜丰、株木桥大捷”。敌人对她恨之入骨，叫她“土匪婆子”。有一次，国民党军队在平江黄金洞扑空后路过离加义镇月光岩 10 余里地的沙坝，春姐带领女游击队员将敌人全部歼灭，并缴获了很多的枪支弹药及物资，当她们回到加义镇的时候，上万名群众敲锣打鼓，燃放鞭炮迎接她们，并唱起民谣欢迎她们。

春姐是家乡的农民“领袖”，女中豪杰。在轰轰烈烈的拥红热潮中，春姐常常对姐妹们说，不要认为自己是个女儿身，我们也同样可以到红军队伍中去建功立业。在湘鄂赣边区工农兵大会上，贾春英经常发表演讲，讲解对敌斗争的经验，如何运用游击战、运动战、突击战打败敌人。同时，结合自身的命运和经历鼓励大家，如何翻身做主人，实现男女平等，呼吁人们不再裹足，参加革命。在她的积极努力下，一批批青年男女走进红军队伍，成为苏区的有生力量。

4 岁时，贾春英就开始打猪草、砍柴火，
受尽劳作之苦

贾春英有一次打猪草时不小心滑下山坡

春姐是家里的顶梁柱，清贫一生。春姐在晚年与其他乡下妇女没什么两样，穿着补丁叠补丁的衣服。不到60岁的她，腰就直不起来，每天佝偻着90度弯曲的腰上山干活，靠卖柴卖菜的微薄收入支撑一家生计。“要说与普通人不一样的地方，就是她身上因为枪伤和国民党牢狱之苦留下的疤痕不计其数，和脸上皱纹一样多。”她从未向组织提出任何要求和待遇，她说：“我能活下来，就是享受了最好的待遇。我们的国家目前还不富裕，让组织去帮助其他的困难群众吧！”

这就是春姐的选择，一生无怨无悔！一种精神能够在时间的淘洗中日益增其光亮，不仅因为它牢牢印在历史深处，而且更因为它丝丝融入时代脉动。同学们，我们今天的幸福生活是来之不易的，这幸福生活是无数革命者们为了祖国、为了人民，用血和汗换来的。我们现在应该刻苦学习，做一个爱祖国、爱人民的少先队员，将来为党、为人民争得荣誉、赢得光彩！

黄石市广场路英才学校402班

江博洋

坚定的信仰

周末，我静下心来读了《“双枪”春姐》这本书。没想到一位传奇抗日人物的一生就在我眼前展开。“春色无边仰先驱前仆后继抛头洒血乾坤转，英灵有慰赖后辈前仆后继沥胆披肝日月新。”这是军事博物馆原馆长、少将袁伟为缅怀她而题的词。这句话既是对她传奇一生的概括，更是对她革命事迹的高度赞扬。

她，就是活跃于湘鄂赣革命根据地的“双枪芙蓉”贾春英。作为旧社会产物——童养媳的她，不屈服于命运，13 岁跟随表哥罗冠国投身革命，15 岁加入中国共产党，18 岁就担任了鄂东特委妇委书记，领导了十几个县的妇女运动。她跃马扬鞭，巾帼不让须眉。打得敌人闻风丧胆，敌人对她恨之入骨，叫她“土匪婆子”，在湘鄂赣苏区的崇山峻岭中，处处留下她英勇战斗的身影，边区人民传诵她英勇杀敌的故事，送予她“双枪春姐”的雅号。但是，当祖国争取了民族独立和人民解放后，她深藏功名，解甲归田。直到去世也未向党组织提出任何要求。

读完“双枪”春姐的英雄事迹后，我深深地体会到了一名共产党员“三有一无”的高尚品质和宝贵的精神财富，即有坚定的信仰，有宏伟的蓝图，有担当的作为，无欲而无求。首先是有信仰。正是因为“她们”有坚定的信仰，才使得她们前仆后继、继往开来，正是因为“她们”有坚定的信仰，虽然在物质上贫穷，但精神上却无比富有，能量上却无比强大，正是因为“她们”有坚定的信仰，革命的种子才在肥沃的土壤中迅速长成了参天大树。其次是有蓝图。有了信仰，便有了宏伟的蓝图，有了蓝图，便有了努力的方向，有了方向，便有了奋斗的目标。因此“她们”面对命运敢于抗争，面对困难迎难而上，面对国难不怕牺牲。再次是有担当。“她们”在条件艰苦、环境恶劣、时刻冒着生命危险的岗位上忠于职守、敢于创新、勇于斗争、甘于奉献，完成了一件又一件不可能完成的任务。最后是无欲无求。“她们”在革命成功后功成身退，不计得失，不炫功绩，解甲归田，等等。正是因为“她们”，才有了我们这样一个强大、独立、民主的新中国；正是因为“她们”，我们才有了今天幸福的生活；正是因为“她们”，我们民族伟大复兴的中国梦一定可以实现。

虽然我现在还只是一名小学生，但我不禁想起了我们敬爱的周总理“为中华之崛起而读书”的豪迈宣言。我也要为我们中华民族伟大复兴的中国梦增添我的一份力量。虽然我们现在学习环境越来越好，但我们仍然需要居安思危，传承革命先辈们为我们留下的精神财富。

黄石市广场路英才学校 402 班

刘均涵

心存感恩

在那遥远的革命年代，有这样一位女英雄：她跃马扬枪，名震湘鄂赣。她就是那位“双枪”春姐，英勇的红军女战士——贾春英！

贾春英出生在湖北阳新的一个贫困山村，从小历经磨难与艰辛。1925 年春的一天傍晚，那时贾春英还不知道自己的命运将因此改变。当时，她因滚下山坡，被表哥罗冠国搭救。回到家后，罗冠国的一番话语使贾春英幼小的心灵受到了深深的震动。于是，贾春英心中的那盏灯被点亮了，她毅然地扯掉裹脚布，拿起了刀枪。一代女名将因此诞生。

土地革命进入如火如荼的激进时刻。贾春英经常带着助手单独外出执行任务。不久，她就在当地建起农会、妇救会，群众都说贾春英是“美丽的女侠”。后来，她又结识了红军女将胡筠，与她结为知己；又调动女兵，消灭了许多的敌人。这时贾春英的爱情之花也绽放了，和一位叫潘涛的男同志相知相识。

可是，她又因意外被捕。不论是敌人假惺惺地殷勤伺候，还是血淋淋地酷刑折磨，都没有使贾春英屈服。直到 1937 年年底的一天，她终于被释放。后来，她与潘涛结婚了。但几个月后，潘涛却被日军杀害了，她一个人把孩子拉扯大，历经艰辛。晚年，贾春英患上食道癌，于 1984 年在阳新潘彦村家中离世。

读到这儿，我不由得感到辛酸：她从不炫耀功绩、从不计较待遇。晚年，她和其他的老太太们并无不同。唯有满身伤痕为她英雄的一生留下注释。如今，国家富强，民族振兴，人民幸福，她却悄悄地走了。江山来之不易啊！我们今天的幸福生活是先辈们用鲜血换来的，我们要学习他们的爱国精神和高尚人格，好好学习，励志图强。我认为贾春英奶奶的故事就是一段闪着光的传奇，在历史的星海中，日日增其光亮。我永远不会忘记那个初秋的早上，那天下着蒙蒙细雨，我们站在操场上接受捐赠。不过这一切都是值得的，我得到了永远的心灵家园——《“双枪”

春姐》，我将永远珍藏！

黄石市广场路英才学校402班

余欣曈

红色的感动

今天，我要给大家介绍一本书。这是一本红色励志连环画，里面讲了贾春英一生所经历的事迹，以及她晚年生活的点点滴滴，这本书叫《“双枪”春姐》。

1912 年贾春英出生于湖北省阳新县筠山脚下的一户贫苦的农民家庭，她有着一个苦难的童年。1925 年春的一天傍晚，年仅 13 岁的贾春英同往常一样上山砍柴兼打猪草，她的手上提着一筐鲜嫩的猪草顺着山路回家。突然，乌云席卷，狂风大作，倾盆大雨将山路浇得湿滑，年少的贾春英被这突如其来的天气惊呆了。可是为了做好大人的吩咐，为了自己的生存，她只能冒雨前行。突然，脚下一滑，沉重的担子压着她瘦弱的身体滚下山坡……

1936 年 10 月初，在护送一批物资返回平江黄金洞时，贾春英遭叛徒出卖，突遇国民党军队埋伏而被捕。在被捕期间不管是敌人假惺惺地殷勤伺候，还是血淋淋地酷刑折磨，都没有使贾春英屈服，她始终坚贞不屈。

看到这些事迹，不禁让我想到正是由于她从小饱受人间疾苦和有着坚强的意志，才能扛得住这非人的摧残，才能同战友获得革命的最后胜利。联想到现在的自己，每次吃饭时挑三拣四，不合心意就不吃；本来要完成的作业，可一有好玩的或有朋友相约，就把该完成的作业忘到九霄云外，相比之下，真是差距太远！

读了这本书后，让我感触颇多，明白了我们现在的幸福生活来之不易，应该好好珍惜；春姐身上坚韧不拔的革命精神，更值得我们学习，并将此发扬光大，她的精神时刻激励着我们，做一个对社会有用的人！

黄石市广场路英才学校402班

柯泽辰

滋润我心田的一本好书

我是一个“小书迷”，非常喜欢看书。一次偶然的机会，我读完了一本好书——《“双枪”春姐》。

这本书讲述了贾春英的故事。她很小的时候就参加了革命，最后成为抗战英雄。贾春英跃马扬枪，名震湘鄂赣，有“双枪春姐”的雅号。新中国成立后她归隐乡里，独自将烈士遗孤抚养成人。书中还介绍了她的丈夫潘涛抗击日寇的悲壮人生，我被英雄的故事深深吸引了……

贾春英可真是一个能吃苦、守纪律的人。她意志坚定，聪明能干，领导安排的任务她都完成得非常出色。一个女孩子如此大胆，勇于担当，而我看看自己，真是感到非常惭愧。我向来胆小怯懦，连毛毛虫都不敢拿。真丢人啊！妈妈为了锻炼我的身体素质，为我报了很多体育培训班。练习骑自行车的时候，我害怕从车上摔下来；打篮球的时候，真担心篮球砸到我的脑袋；学习游泳的时候，我总觉得自己会呛水。我是如此胆小，没有一点男子汉的担当。看看春姐，小小年纪就学骑马打枪了，大一点就能为革命做事了，她才是英雄啊！我也要变得像她一样，不要总怕这怕那，做任何事情要大胆尝试。骑车摔跤不要紧，打球受伤不要紧，游泳呛水也不要紧，不过都是皮肉之苦。小时候把胆量练大，长大了才能做大事啊！就像春姐一样勇敢啊！

潘涛和春姐一样爱国，他连自己的孩子都没来得及看一眼，便以身殉国了。为了革命事业，为了伟大的祖国，春姐和她的丈夫始终不懈地努力着，直到献出宝贵的生命。

现在是一个伟大的新时代，我们在祖国这个大家庭幸福地生活着。没有战火，没有硝烟，仿佛一切太平无事。其实，我们更需要爱国的精神。因为今天的幸福生活真的来之不易。没有春姐和她丈夫这样的英雄，哪有我们现在安宁的中国。我们要时刻把祖国记在心中，保卫好自己的祖国。

去年国庆节我和爸爸妈妈一起去北京天安门观看了升

国旗仪式，那场面至今难忘。几万人唱着国歌，看着鲜艳的五星红旗冉冉升起，心中无比激动。我感到非常自豪。我爱我的祖国。

《“双枪”春姐》比一些快餐书籍好看多了，它是如此有“营养”，滋润着我的心田，我喜欢这样的好书。

黄石市广场路英才学校 *403* 班

徐子墨

榜样在连环画里

近期我们学校开展了红色经典读书活动，我有幸读了彩色连环画《“双枪”春姐》。该书全面真实地记录了“双枪”春姐贾春英的铿锵传奇及其丈夫潘涛抗击日寇的悲壮人生，展现了当年共产党革命人士的艰苦斗争生活；讴歌了在叛徒的告密之下，贾春英被捕后，面对敌人的严刑拷打、威胁利诱毫不动摇，坚决保守党的秘密和贵重物品的高尚情操。这本书是我们青少年接受革命传统教育的力作。

春姐面对敌人的酷刑折磨，始终坚贞不屈的精神给我印象最深。1936 年 10 月初，贾春英在护送一批贵重文件和物资返回平江黄金洞时，她被叛徒彭一湖告密，落入了敌人的圈套，中了枪伤，被捕入狱，遭受严刑拷打，腰杆子被打折，昏迷了几天几夜，但是她非常勇敢，绝不透露一点党的秘密，致使敌人毫无办法。而我呢，总觉得自己还是一个小孩，平时很娇气，手上有一个小刮痕都要妈妈贴一个创可贴，遇到挫折和不如意的事总是动不动就哭，享受幸福的生活觉得是理所当然的。书中春姐始终坚贞不屈的精神震撼了我，令我羞愧。我从小学习画画，本来父母只是希望培养我的一个爱好，让我自己选择学习，我很喜欢学画画但却怕多练习，缺乏坚忍不拔的毅力；学习上也是，遇到困难我就想寻求帮助，练习多了就不想做，老是想逃避去看电视。妈妈说我还小，对这本书理解还不深，我们这一代需要学习的品质还太多太多。

春姐给我的另一个深刻印象就是她从不炫耀功绩、从不计较待遇。她这种无私奉献的精神在当今社会难能可贵！13 岁起春姐就开始为民族的独立、人民的幸福奔波征战，落下了满身的枪伤和不计其数的疤痕；新中国成立后，她独自将烈士遗孤抚养成人；生前，这位可敬的老人像村里妇女一样日出而作，日落而歇，默默无闻地生活着，自己从未而且拒绝亲戚找组织要待遇和抚恤，不吃政府救济，自食其力支撑着家庭。在春姐孙子潘平童年的记忆里，奶奶与其他乡下妇女没什么两样，穿着补丁叠补丁的衣服。不到 60 岁的她，腰就直不起来，每天佝偻着 90

度弯曲的腰上山干活，靠卖柴、卖菜的微薄收入支撑一家生计。

我想，随着我年龄的增长，我将再读这本书，一定会懂得更多的道理，学到更多的优良品质。但我今天明白了，当年因为有“双枪”春姐这样千千万万的共产党人的流血和牺牲，才有了我们今天的幸福生活。我们应该珍惜现在的幸福生活，永远不忘那些伟大的战士，将他们铭记在心！我要以“双枪”春姐为榜样，珍惜幸福生活，努力学习本领，将来成为一个对社会有用的人！

黄石市广场路英才学校403班
何钟航

永远的榜样

今天，我看了一本叫《“双枪”春姐》的书，故事主人公身上那种朴实、勇敢的优秀品质，深深地震撼了我，让我心潮澎湃，久久不能平静。

《“双枪”春姐》主要讲述的是我市革命老前辈贾春英铿锵的人生传奇。当年，她从一个穷困的农家弱女子，走上革命道路，逐渐成为一个跃马扬枪、名震湘鄂赣的战斗女英雄；革命成功后，她又淡泊名利，归隐乡里，独自把烈士遗孤抚养成人。

读完《“双枪”春姐》的故事后，首先，我感受到的是春姐虽然出生在贫苦农家，但她非常勤劳和善良，从小养成了自力更生、不屈不挠的美好品质，为以后的革命打下了良好的基础；其次是春姐身上光辉的革命精神，因为她从小受尽磨难，肉体和精神都饱受摧残，这让她认识到让自己和大家遭受不公的根源就是因为这个万恶的旧社会，所以贾春英毅然地投身革命，积极地为解放广大劳苦大众抛头颅、洒热血。在春姐不平凡的一生中，让我印象深刻的是她的勇敢，作为一个弱小的农家女，她英姿飒爽，名震敌胆，与凶残的反动派斗智斗勇，这需要多大的勇气和胆识啊！

将心比心，如果我们生活在那个战火纷飞的年代，能不能像贾春英一样坚忍不拔、勤劳肯干？面对群众受苦受难，我们能不能挺身而出？面对凶狠的敌人，我们又有没有奋不顾身的勇气呢？

《“双枪”春姐》这本书让我明白：今天的生活来之不易，她让我拥有了建设美好家园的精神动力；老一辈革命家的精神让我们永远铭记，春姐也是我们永远的榜样！

黄石市广场路英才学校403班

叶文举

醒悟

我看了彩色连环画《“双枪”春姐》，书中春姐英勇善战、出生入死闹革命的英雄事迹，让我对这个人产生了敬意之情。

书中描写贾春英 18 岁就任鄂东特委妇委书记，后又历任鄂东妇女运动委员会主任、鄂东南特委常委、鄂东南妇女会主任、湘鄂赣省委巡视员等职，她的革命历程——呈现在我的眼前。她 4 岁就开始经历繁重的家务劳作之苦，15 岁投身革命，小小年纪就学会了骑马，还学会了双手持枪射击，是“双枪老太婆”原型人物之一。贾春英出色的工作成绩、为革命不畏个人安危的精神，获得了彭德怀元帅的夸奖。新中国成立后，她隐居乡村，独自将烈士遗孤抚养成人，从未向国家提出任何要求，不要救济，自食其力支撑着家庭。

读了《“双枪”春姐》以后，我明白了一些道理，知道今天的幸福生活来之不易。我们要好好学习，天天向上，在学习上不怕困难。跟先辈比起来，我很惭愧，走路不小心摔跤，或者生病时忍不住要大哭小叫；学习上、做事中遇到一点不顺心的事或小小的挫折，就非常泄气。总以为时代不同了，我们能过上今天这样幸福的生活是理所当然的事，甚至还有些不满足。

我们今天的幸福生活是革命先辈用鲜血换来的，我们应该感激先辈，应把先辈留下的红色基因传承下去。努力学习本领，创造更加美好的未来。

黄石市广场路英才学校 403 班

范承宇

走进春姐

近期我们英才小学四年级三班的全体同学都阅读了《“双枪”春姐》这本红色连环画，连环画讲述了“双枪”春姐的传奇人生，给我留下了深刻的印象。

红色连环画《“双枪”春姐》中的贾春英1912年出生于阳新县陶港镇贾村一个贫困家庭，小时候有着一个苦难的童年，在受尽了旧社会的磨难后，接受了表兄的启发，毅然参加了革命，1927年加入中国共产党，任鄂东特委妇委书记等职务。在经历了血与肉的交锋、子弹与死神的考验后，终于成为了一名伟大的战士。经过长期的艰苦磨炼，贾春英不仅在妇女运动方面成绩斐然，而且还以能征善战而闻名。因为双手都能打枪，百姓称她“双枪”春姐，而敌人却对她恨之入骨，叫她“土匪婆子”。在湘鄂赣地区，跃马扬枪，威震一方，与红军时期著名女将胡筠并称湘鄂赣“双芙蓉”。

当年，敌人疯狂围剿时，彭德怀多次安排贾春英侦察任务。为攻克修水，彭德怀曾命令贾春英赴当地建立秘密联络点，侦察敌人军事布置。彭德怀故意激将，说：你个女娃子，敢不敢去？贾春英果断作答：谁说女子不如男！我保证完成任务！后来，贾春英出色地完成任务，帮助红军攻克修水，因而获得彭德怀的夸奖。其丈夫潘涛在抗日战争时任新四军游击大队长，1940 年率部在咸宁嘉鱼与日寇激战五天五夜，壮烈牺牲。新中国成立后，贾春英解甲归田，务农为生，直至 1984 年离世。生前，她坚持不要个人待遇、不要国家抚恤、不吃政府救济，高风亮节的精神令人起敬。

虽然那个血雨腥风的场面已经离我们很远了，但我们不能忘记那些顽强的英雄们。平时，我总以为自己是个女孩子，娇气是天性，走路不小心跌一跤，换牙时流一点血，都忍不住要大呼小叫；学习上遇到一点不顺心的事或小小的挫折，就非常泄气；总以为时代不同了，我们能过上今天这样幸福的生活是理所当然的事，甚至对大人发发脾气、使使小性子，还有些不满足呢！在生活中，父母处处关心我们，不仅交钱供我们上学，甚至还很宠爱我们。

在父母的呵护下，每天过着丰衣足食的生活，就像生活在天堂。读了《“双枪”春姐》我明白了现在幸福的生活是我们的先辈受尽压迫、忍饥挨饿，烈士们前仆后继，抛头颅、洒热血，用生命和鲜血换来的。

今后我要以《“双枪”春姐》中的贾春英等红色英雄们为榜样，更加珍惜现在的美好生活。我们目前首要的任务是努力学习，在学校、在家里能够做些力所能及的事情，长大后要为国家、为社会做出自己的贡献，用自己的双手创造更加美好的未来！

黄石市广场路英才学校403班

雷佳鑫

传 承

最近我读到了一本有趣的革命连环画叫《“双枪”春姐》。

这本书的主人公叫什么名字？讲了一些什么事？我带着这些疑问，打开了这本书，开始了阅读之旅。

我读完了这本有趣的连环画，知道原来主人公“双枪”春姐就是贾春英。因为贾春英出生在农村，父母都是贫苦农民，所以贾春英有一个苦难的童年。当她明白自己的前途和命运时，贾春英心中的那盏灯被点亮了，毅然决然地扯掉裹脚布，拿起了刀枪，参加了革命。

1930 年到 1949 年，贾春英英勇打仗，胜仗连连，中途也有几次受到挫折，但她没有退缩，继续完成她的革命任务，我们做任何事情都要像她这样不畏难，不气馁，才能办成。新中国成立后，贾春英不给组织添一丝麻烦，仍然过着普通百姓的生活，1984年这位女英雄经不住病魔折磨，平静离世。

贾春英的故事被人们广为流传，也深深地影响着我们，其中有两件事最令我感动。第一件事是参加了革命的贾春英有一次在护送物资的途中惨遭叛徒出卖，中了国民党的埋伏，殊死搏斗后不幸被捕。在牢里，她始终没有屈服，还和同被关押的姐妹们一起唱着红色歌曲互相激励。我们也要像她那样遇到困难时要顽强拼搏，不轻易放弃自己的理想和信念，以后无论身在何处也时刻不忘自己的祖国，不能贪恋别的国家的好处。

另一件事是新中国成立以后，贾春英奶奶并没有享受自己的革命功劳，仍然默默无闻地过着普通百姓一样的生活。曾经有一段时间她家里生活非常困难，但是她却甘于清贫，始终不想给组织添麻烦，不要国家抚恤，不吃政府救济。贾奶奶这种一心为公、默默无闻、甘于奉献的革命精神是鼓励我们、教育我们不断成长的宝贵财富，让我们受益终生。

我们不能忘记我们今天的幸福生活是贾春英和其他无数和她一样的革命先辈们在战场上用鲜血和生命换来的，

我们应该感激这些革命先辈，继承和发扬他们不屈不挠、献身革命的精神，把先辈们留下的红色基因传承下去。

黄石市广场路英才学校 404 班

高鸣柳

雅号的背后

她是一位红军女英雄，她和著名红军女将胡筠并称为“双芙蓉”，她就是“双枪”春姐——这本书的主角贾春英。

贾春英出生在湖北省阳新县筠山脚下的陶港镇贾村，18岁就任鄂东特委妇委书记，后又历任鄂东妇女运动委员会主任、鄂东南特委常委、湘鄂赣省委巡视员等职。一生革命事迹无数，因为会双手持双枪射击，所以被称为“双枪”春姐。

贾春英的父亲贾万里、母亲张氏均是贫苦农民，她和其他孩子一样有一个苦难的童年：一天，她上山砍柴、打猪草，傍晚时，贾春英背着柴，提着猪草回家。突然，乌云席卷，狂风大作，下起了大雨，她冒雨前行，忽然脚下一滑，滚下了山坡。幸好她的表哥从附近经过，才救了她。也正是这次遇险，她从表哥那里明白了命运是可以掌握在自己手里的！

当明白自己的前途和命运时，她心中的那盏灯被点亮了，毅然决然地扯掉裹脚布，拿起了刀枪。这一年，她15岁。

后来，贾春英跃马扬枪，名震湘鄂赣。

她最著名的事迹莫过于在一次执行任务时，被敌人发现了，她终究躲不过敌人，受伤被捕。在狱中，无论是敌人假惺惺地殷勤伺候，还是血淋淋地酷刑折磨，始终都没有使她屈服。

“双枪春姐”的雅号，一些老红军战士直到晚年都还记得。新中国成立后，她归隐乡里，独自将烈士遗孤抚养成人。

贾春英就是这样一个平凡却又伟大的普通中国妇女！但就是因为有了众多像她一样普通的中国女性和其他无数的革命先辈，不甘屈服于自己的命运，打破千百年来的顽固的封建思想，才有了我们今天幸福的美好生活！

贾春英不怕困难，坚贞不屈的精神已牢牢地刻在了我的心中！

黄石市广场路英才学校404班

易 雪

反省

在本学期，我读完了《“双枪”春姐》这本书，里面的主人公贾春英的故事让我领悟到了许多道理，下面我就来跟你说一下我的感受吧！

主人公贾春英奶奶是穷苦农民出身，但是她通过努力改变着自己的命运，她有着聪明、朴素等等一些好习惯。在日常生活中，现在的小朋友很挑剔，吃饭时，家长让他们不要浪费。可是，小朋友认为什么口味好就吃什么，爱挑食，不知道“一粒粮食一粒汗”的道理。我们应该养成节约的好习惯。

贾春英奶奶年轻时的工作是收集情报，她要去各地学方言，每次到了其他的城市，她胆子都很大，就去找当地的小姑娘、老婆婆学习，说错了会引得民众捧腹大笑，但她一点也不害羞。落落大方，勤于向他人学习，不怕犯错这是一个好优点，我应该向她学习。我记得有一次，口才老师带我去科技馆进行讲解，上午的一场还不错，下午人多我就开始紧张了，把开场词“下午好”念成了“早上好”，逗得观众哈哈大笑。我以后一定会改掉害臊的缺点！

贾春英加入了中国共产党后，有一次执行任务时，这名优秀的党员被一个叛徒出卖了，落入了敌人的魔爪。在监狱中，无论是敌人假惺惺地殷勤伺侯，还是血淋淋地酷刑折磨，她都不屈服。到了第二次国共合作时，国民党才把贾春英放出来。同学们，贾春英奶奶遇到了这么大的困难，她依然不着急，沉着冷静地处理，我们在生活中也应该学习贾奶奶遇到困难不屈不挠、勇敢面对、坚持自己的信念。

从“双枪”春姐贾春英奶奶身上，我学会了要节约、不害羞、胆子大、不怕困难等许许多多的道理。让我们一起运用这些重要的道理，在生活中创造美好的未来吧！

黄石市广场路英才学校404班

胡传希

沸 腾

这个月我读了一本革命连环画《“双枪”春姐》，只见封面上有一位英姿飒爽的女孩，骑在一匹高大的骏马上，她手持双枪，目光坚定，她的身后是硝烟滚滚的战场……她究竟是谁呢？我抱着好奇的心理打开了这本书。

原来她就是贾春英。当年，她跃马扬枪，名震湘鄂赣。“双枪春姐”的雅号，一些老红军战士晚年还记得。新中国成立后，她归隐乡里，独自将烈士遗孤抚养成人。村民们没有想到这位看似平凡的农村老太太竟是早期共产党员、鄂东南特委常委、鄂东南妇女会主任、湘鄂赣省委巡视员。

看完了《“双枪”春姐》这本书，我的心里不禁热血沸腾。春姐虽然是一名女子，但她的一生波澜壮阔，充满了传奇色彩，我心中对她产生一种浓厚的敬意，我们现在安定幸福的生活，不正是千千万万的“贾春英”用鲜血换来的吗？

想到这里，我不禁脸红了，我已经好久没训练游泳了，为什么？因为我怕苦怕累，不想坚持下去；学习的时候遇到难题，就放弃了，不想思考，体育课的时候，才跑几步，就叫苦连天，想到这里，我很惭愧，比起春姐，我们真是太幸福了。一种精神能够在时间淘洗中日益增其光亮，不仅因为它牢牢印在历史深处，更因为它丝丝融入时代脉动。我们要学习继承春姐精神，重温革命传统，吸取精神养分，做新时代的接班人。

黄石市广场路英才学校 404 班

陈恒宇

坚定信念不放弃

说到党史，我一直记忆犹新。战争时期，那些坚持战斗的军人们真令我佩服。当我翻开《“双枪”春姐》这本书的时候，我对中国共产党员又有了进一步的认识。

《“双枪”春姐》是由我国红色作家余玮编著的，全面真实地记录了“双枪”春姐贾春英的铿锵传奇及其丈夫潘涛抗击日寇的悲壮人生，是青少年接受革命传统教育的力作。

在这本书里，一段“雪藏”的红色传奇得以复活。正如贾春英的后人所言：“那些细节比好些战争电影、电视剧中塑造的人物故事更精彩。”在我们的生活中，信念很重要，但在贾春英眼里，信念似乎比什么都重要。

田野里，那些夜以继日、辛劳的农民伯伯们整天都在

贾春英经常利用砍柴、打猪草的机会到后山祠堂听
表哥讲革命道理

1927 年 3 月，年仅 15 岁的贾春英面对
党旗庄严宣誓

地里劳动着。农民伯伯们的劳动白费了吗？并没有。等到秋姑娘匆匆赶来时，高粱红了，稻子熟了，正是农民伯伯丰收的时候！也是在这个时候，农民伯伯们的脸上才绽开了笑容。

每个人只要付出了，就一定有收获。哪怕是没有收获，自己的付出也是值得的。只要你坚定信念，永不放弃，就一定会成功。

不仅信念很重要，坚强与勇敢也很重要。

在发生火灾的时候，消防员叔叔们总是第一个奋不顾身地向前支援。你以为不危险吗？消防员叔叔们可是冒着生命危险救火的！他们的勇敢，拯救了许多人的生命。

贾春英在我脑海里是多么的坚强、勇敢啊！让我们好好学习，做一个保卫国家的勇士，让国家变得更加强大！

黄石市广场路英才学校 404 班
唐静怡

重温红色

今天，我读了由红色作家余玮编著、青年画家龙翔绘图创作的彩色连环画《“双枪”春姐》，作家与画家创作了这本精彩的连环画，一段“雪藏”的红色传奇得以复活。

这本书的主人公是贾春英，她曾经是中共早期党员，历任鄂东南特委常委、鄂东南妇女会主任、湘鄂赣省委巡视员等职。她的父亲贾万里、母亲张氏均系贫困农民。她是阳新县陶港镇贾村人，还是潘涛的妻子。她与红军传奇女将胡筠并称湘鄂赣“双芙蓉”，因为她会骑马，会双手持枪射击，因此被共事的同志尊称为“双枪”春姐。

这本书我最喜欢贾春英，因为她非常地坚强，比如她被国民党军队打成重伤被捕，在狱中，无论敌人假惺惺地殷勤伺候，还是血淋淋地酷刑折磨，都没有使贾春英屈服，她始终坚贞不屈。她让我学会了坚强。

我最讨厌彭一湖，因为他心地非常坏，他突然把枪指向贾春英，让她交出身上的文件及护送的银圆，还向贾春英脚踝开了一枪。他的行为难道不应该遗臭万年吗？

“江山来之不易”，我们今天的幸福生活是先辈们用鲜血换来的，我们应该感激先辈，把先辈留下的红色基因传承下去，我们应该把这种精神牢牢记在历史深处，融入时代脉动，我们应该牢牢记住革命先辈精神的时代价值，重温革命传统，汲取革命精神，我们还应该缅怀巾帼英豪，传承红色基因，奋力振兴中华。

黄石市广场路英才学校 405 班

叶俊秀

一本小人书的打动

《“双枪”春姐》的作者是余玮。这本书的内容非常精彩，主要记录了贾春英的铿锵传奇和她的丈夫潘涛保卫国家的英雄事迹。

本书中我最喜欢贾春英，她顽强的精神使我佩服，15岁就拿起刀枪去执行任务，她是多么勇敢啊！她每一次都认真努力地完成危险的任务，把敌人打个落花流水。她又是多么聪明啊！贾春英老了，也坚决不依靠党来获取财富、金钱和名气，她一生的传奇故事深深地打动了我。虽然现在我们不需要像贾春英一样打仗，但我们还是要向社会奉献出自己的一份力量，努力学习，将来有一天，我们成了科学家，一定要努力创造新科技，让我们向未来迈出第一步吧！

新中国是由千千万万个像贾春英这样的人通过坚持不懈的努力建立起来的，新中国的我们，要珍惜来之不易的幸福，努力做好社会主义接班人！努力学习，争取在社会主义建设中贡献出自己的一份微薄力量。

为了新中国的成立，牺牲了多少人？就是他们的汗水、血液和一颗爱国的心才组成了我们美好的今天！

黄石市广场路英才学校 405 班

杨思仪

苦难是块磨刀石

从学校领到《“双枪”春姐》这本书后，我就对这本书封面上的人物产生了强烈的好奇心。随着一页页地翻阅，我逐渐认识了这位巾帼不让须眉、英勇善战的女中豪杰——贾春英。

在别人眼中，贾春英是“美丽的女侠”，可他们却不知道，贾春英有着一个苦难的童年。出生仅 8 个月的她，在重男轻女的封建社会中，就被一位姑妈抱做童养媳了。年复一年，4 岁的贾春英居然已经开始做家务活、下地劳作了。我想在她心里一定会很痛恨这个社会吧！但是她没有，在表兄罗冠国斥责姑妈时，她却站出来劝说表兄：“这就是命！”“不是你的命苦，而是你不能掌握自己的命运才苦，还有你不懂得跟命运做斗争。”表兄的这句话点亮了贾春英心中的灯，她决心往自己向往的方向前进，15岁的她从此踏上了革命的征程，她的命运与国家、民族、社会紧紧相连。

在《“双枪”春姐》这本书中，令我印象最深的是第52、53页，这两页写了贾春英被抓后，在狱中，无论敌人假惺惺地殷勤伺候，还是血淋淋的酷刑折磨，她仍然不说半个字，坚持着革命信念不当叛徒，可见，她是多么的伟大而坚贞不屈呀！如今我们生活在新中国，每天坐在明亮的教室里读书，这一切都是这些英雄们的血肉换回来的，我们怎能虚度光阴呢？故今日之责任，不在他人，而全在我少年。

一种精神能够在时间的淘洗中日益增其光亮，不仅因为它牢牢印在历史深处，更因为它融入时代脉动。贾春英在晚年曾说过“苦难是块磨刀石”。是呀，不经历苦难，又怎么能看到彩虹呢！

黄石市广场路英才学校405班

吴垚仪

不向命运低头

在许多革命书籍中，给我印象最深的是《“双枪”春姐》这本书。这是一部革命书籍，作者是红色作家余玮，书中的主人公春姐的形象被作者写得十分生动。

春姐的名字叫贾春英，她是个命运悲惨的女孩子，她8个月大的时候，因为家里贫穷养不起，只好被姑妈家抱养，做童养媳。她4岁起就要做很重的体力活，有一次，她正在山上割猪草，遇到雷雨天气，她连人带草一起滚下了山坡……最后被表哥罗冠国救了。后来她常去后山祠堂听他们的演讲，受到了他们的影响，她感受到命运是可以改变的，从此她就参加了革命的队伍，1927年3月，她加入了中国共产党，从此她手握双枪，名震湘鄂赣。

《“双枪”春姐》的故事，深深地感动了我，尤其是她凭着顽强的毅力，坚持学习，增强自身的实力，从而改变了命运。她刚刚出生的时候，是一个命运很悲苦的女孩子，接连的噩运没有把她打倒，她变得越来越勇敢。她常常率先到前线去侦察敌情，“双枪”春姐不但勤奋、勇敢，而且有铁一般的纪律。

我深深地被“双枪”春姐的故事打动，我常常想要做一个像春姐一样勤奋学习的人。在我们的学习过程中，常常会遇到一些困难，但我不会放弃，我会像春姐一样勇敢地面对困难，多读书，多看报，多做读书笔记。渐渐地，我的知识面在变宽，学习成绩也在不断提高，我也会通过自己的努力，改变命运。

“双枪”春姐的勇敢、机智，不向命运低头的品质值得我们学习。

黄石市广场路英才学校 405 班

马肖司南

光　芒

我最近看了一本红色励志连环画，书名为《“双枪”春姐》。这本书图文并茂，它由红色作家余玮编著、青年画家龙翔绘图，真实全面地记录了“双枪”春姐贾春英的铿锵传奇，这本书是我们接受革命传统教育的力作。我对这本书爱不释手，每读完一个情节都会热血沸腾，我喜欢这本书的女主角——贾春英。

贾春英 4 岁时就开始经受繁重家务和劳作之苦，肉体上和精神上也饱受煎熬。贾春英在晚年曾说过，苦难是块磨刀石。

贾春英出生在湖北省阳新县筠山脚下的陶港镇贾村的一个贫苦农民家庭。有一次，贾春英上山砍柴兼打猪草，傍晚时分突然乌云席卷，狂风大作，电闪雷鸣，下起了倾盆大雨，为了自己的生存，她只好冒雨前行。突然脚下一滑，摔下了山坡，幸好她的表哥就在附近，才救了她一命，正是这一次遇险，让她有机会认识到：命运是可以掌握在自己手里的。于是她毅然决然地扯掉了脚上的裹脚布，拿起了刀枪，从此走上了革命道路。由于她会双手持枪射击，所以被称为“双枪”春姐。

还有一次她在执行任务的过程中，不幸被敌人发现，无处可躲，在经过了顽强抵抗后，最终还是受伤被捕，在狱中，无论敌人是假惺惺地殷勤伺候，还是血淋淋地酷刑折磨，都没有使她屈服。

当我看完这本书时，我深深地陷入了沉思，我们现在的生活是这般美好，都是先辈们付出了血的代价换来的，他们的生活条件却不如我们的一半好，时常都是生活在水深火热的环境中，还要提心吊胆地东躲西藏，以防自己被敌人抓住。他们真是让我敬佩不已。像贾春英这种革命战士多不胜数，他们坚韧不拔的精神，顽强不屈的品质，敢于和敌人抗争的勇气，都是我们所需要学习的。当他们举起自己的拳头庄严宣誓的时候，整个世界仿佛焕发了新的生命和无穷的力量。在今后的日子里，我也会努力让自己散发出的光芒点亮世界。

黄石市广场路英才学校 405 班

闵俊溟

珍惜来之不易的生活

小时候经常听着外公讲贾春英的故事进入梦乡，贾春英这个光辉的名字早就铭记在我的心里了，我盼望着能早日读到这样一本关于贾春英的书。如今，我终于有幸读到了这本书，我被这本书中的贾春英的英雄事迹深深感动了，心灵受到极大震撼。贾春英，一个为党工作了59年的老共产党员，表现出来的是对党的事业的赤胆忠心，对人民、对其他革命同志的忠心爱戴，不论面对敌人的酷刑折磨，还是敌人假惺惺的殷勤伺候，她都面不改色心不跳，随时做好牺牲的准备，为党和人民的事业呕心沥血，死而后已。

15岁，花样年华的年龄。15岁，很多人还在父母身边享受着家庭的欢乐，无忧无虑地学习着、快乐地生活着！可是，贾春英却在打仗，一个活生生的生命，每时每秒都像即将凋谢的花朵一样。

虽然现在贾春英去世了，但是她的爱国爱民的光辉形象与不屈不挠的精神，一直被传颂着，正鼓舞着一代又一代的人，为人民的富裕、国家的昌盛，为实现共产主义而英勇奋斗。

读了这本书，我懂得了一个道理：我生长在一个和平年代，没有硝烟，没有战争，这样的环境是千千万万跟贾春英老奶奶一样的人物，比如刘胡兰姐姐……这些烈士们抛头颅、洒热血才换来的。此时此刻我们更要珍惜这来之不易的生活。为了更好地为人民服务，我觉得要从小好好学习，掌握科学文化知识和社会知识，练就过硬的本领，树立正确的世界观和人生观，不断磨炼自己的意志，严格要求自己，使自己向一个正确的目标前进，为社会主义现代化建设添砖加瓦。

黄石市广场路英才学校406班

方籽钰

分 享

大家一定听过革命战士的故事吧！就让我给大家分享一下我所读的革命故事吧！

我读过很多的书，其中有一本让我印象深刻，书的名字叫《“双枪”春姐》。大家会觉得春姐是谁呢？让我来告诉大家吧，她就是贾春英奶奶！

贾春英奶奶有着一个苦难的童年，她出生在一个重男轻女的社会里，她的父母是贫苦的农民，贾春英奶奶在很小的时候，就被别人抱做童养媳。她 15 岁那年加入了革命队伍，为革命事业做出了巨大的贡献。贾春英奶奶经过长期的艰苦磨炼，不仅在妇女运动方面成绩斐然，而且还以能征善战而闻名。在湘鄂赣地区，她跃马扬枪，名震湘鄂赣，获得了“双枪春姐”的雅号，18 岁时她任鄂东特委妇委书记。

在她的努力下，一大批有志青年走进了红军队伍，成为国家的有生力量。新中国成立后，她归隐乡里，独自将烈士遗孤抚养成人。生前，这位可敬的老人与其他乡下妇女没什么两样，穿着补丁叠补丁的衣服，和村里妇女一样日出而作，日落而歇，默默无闻地生活着，从未向组织提出任何要求，始终坚持不要国家抚恤，不吃政府救济，自食其力支撑着家庭。这本书讲述了贾春英奶奶的传奇故事，告诉我们她是怎样出生入死、怎样消灭敌人的，即使她被敌人关起来了，也永不退缩，勇敢地和敌人做斗争，这种不怕牺牲、勇于奉献的精神不正是我们所需要的精神吗？不正是我们应该学习的精神吗？

这本书只有你去看它，你才能有收获。你看了这本书，才知道革命战士身上那些可贵的精神和可歌可泣的英雄气概。你知道吗？有的战士一直到死，大家都不知道他叫什么，姓什么。还有的小战士，年仅十几岁，为了新中国的革命事业就离开了我们。我们有这么好的童年，就应该好好珍惜，努力学习，为国争光。

《“双枪”春姐》让我们了解了贾春英奶奶的革命传奇故事。13 岁就开始为民族的独立、人民的幸福奔波征战，但祖国强大了，她却悄然归隐。她一生从不炫耀功绩、从不计较待遇，唯有满身伤痕为她英雄的一生留下注释。虽然字面上普普通通，但这本书中蕴含的革命战士伟大的精神和高贵品质激励着我们永远前进。我一定要继承他们的革命遗志，认真学习，奋勇拼搏，早日学好本领，努力成为国家建设的栋梁之材，回报国家，为构建和谐美好的社会主义社会奉献自己的青春和智慧。

黄石市广场路英才学校 406 班

许宸诺

连环画背后的精神

这个周末，我怀着十分崇敬而又激动的心情读完了《“双枪”春姐》这本书。这本书全面真实地记录了老一辈无产阶级革命家贾春英铿锵传奇的一生。当年，贾春英跃马扬枪，名震湘鄂赣。新中国成立后，她归隐乡里，独自将烈士遗孤抚养成人，这一切都让我感到无比激动和崇敬。

这本书中有一个令我非常难忘的故事。有一次，在运送一批物资回平江黄金洞时，贾春英遭叛徒出卖，突遇国民党军队埋伏。贾春英见情况紧急，立刻烧毁随身携带的文件。正在这时，她意想不到的事情发生了，一直与贾春英执行任务的“三区联政府苏维埃主席”彭一湖突然用枪指向她，厉声要她命令部队不准抵抗，交出身上的文件及护送的银圆。这时，围捕的敌人冲过来，向贾春英开枪，贾春英躲闪不及，身体多处中弹，最终因受重伤而被捕。在监狱中，她宁死不屈，无论敌人是假惺惺地伺候，还是血淋淋地酷刑折磨，都没有使贾春英屈服。

读了这个故事，我觉得贾春英奶奶是一个多么可敬可佩的战士啊！国民党反动派只能在肉体上给她折磨，却丝毫动摇不了她的精神。在她面前，我感到了深深的愧疚，因为想到自己在学习上和生活上遇到了一点点困难和挫折就想放弃。读了这本书后，使我明白了越是在困难的时候，越是要有坚定不移的精神去克服它。

传承是最好的缅怀。我们是祖国的花朵，也是共产主义的接班人，我们一定要好好学习，继承老一辈革命先烈的遗志，为祖国的富强，民族的振兴做出自己的努力。

黄石市广场路英才学校 406 班

石力心

“小人书”让我长大

今天，北京映山红公司在我们学校举行捐书仪式。映山红公司捐的是一本叫《“双枪”春姐》的红色连环画。

一放学回家，我就迫不及待地阅读起这本书。

《“双枪”春姐》讲的是一位叫贾春英的革命女战士保家卫国的故事。

以前，我一直以为：椅子，永远坐不坏。要什么，全都由着性子来。一睁眼，就理所当然地看到光明。原来，这一切来得都是那么不容易！

现在，我明白了：我们幸福、和平的生活，是无数个像贾春英那样舍身为国、拼死也要保卫自己家园的战士，用血肉之躯换来的。

如果我从前看到这本书，一定会十分奇怪：“怎么会有人傻到拼死也要保卫别人的安全呢?”可是，如果你能细细品嚼这本书的每一个字，你就会发现，贾春英和无数革命战士是在尽自己的义务！是尽每一个真正中国人的义务——保卫中国的领土和尊严！如果，你是一位像他们一样热爱祖国的人，你也会有和他们一样的梦想、决心和希望!

通过读这本红色连环画，我想大家都会明白两个字——爱国。只有有国，才会有家，才会有我们。所以，我们也要爱国。不能做有损国家的事，不能说有损国家尊严的话!

黄石市广场路英才学校406班

刘馨宇

与作家对话

今天，我读了那本汇集了无数悲伤感情的作品——余玮的《“双枪”春姐》。

可以说，这本彩色连环画是作者对红军的敬佩和敬爱。

我静静地读着，突然间感到一股暖流涌了上来，仿佛此时此刻，那位伟大的作家——余玮，正一脸慈祥地坐在我面前，与我对话。

这本书里可以说没有一个主角，也可以说主角是春姐，这本书里并没有写什么人有什么“惊天地，泣鬼神”的传奇故事。他们跟我们一样，是普普通通的人，只不过他们是红军，是一批愿意为我们国家牺牲、做奉献的人，他们生活在黑暗中，那个所谓的“家”早已变成了口中“苦海”的代名词。

我又看了看这本书的背景——那是一个充满陈腐观念的社会。我不禁十分同情这本书中的人物，他们曾被旧观念束缚着，不能有自己的思想；我也羡慕那些虽被束缚住却不放弃的人，是什么力量使他们能坚持下去呢？

在这本书里，作者既描写了那些丑恶现象，来讽刺旧社会，同时也深刻、细致地描绘了红军当时的处境等。

我将用春姐说过的一句话结尾：江山来之不易啊！我们今天的幸福生活是先辈们用鲜血换来的，我们应该感激先辈，应把先辈留下的红色基因传承下去。

黄石市广场路英才学校 406 班

林仲妮

品　味

今天我在家阅读了《“双枪”春姐》这本连环画，虽然内容不多，但给我的感触很深。《“双枪”春姐》这本书讲的是“双枪”春姐贾春英的铿锵传奇和她丈夫抗击日寇的悲壮故事。

在阅读这本连环画时，我时而为“双枪”春姐的生死担忧，时而为日寇的残暴、国民党反动派的残暴而愤怒，我紧握双拳，激动不已。当看到贾春英和其他很多不知姓名的红军战士“平江秋收暴动”“智取修水”“宜丰株、木桥大捷”等的革命事迹时，会情不自禁地说：“干得漂亮！”面对日寇的侵略，贾春英的丈夫潘涛率部奋勇出击。我们中国的土地凭什么让日寇占领还胡作非为？中国人民不是任人宰割的羔羊，祖国的大好河山不是侵略者想来就来，想走就走的。只要你们敢侵略我们的国家，我们的每一个同胞都会团结起来与侵略者斗争到底！

读完这本书，让我不禁想到，我们要做些什么才能让更多人知道革命前辈的英雄事迹呢？我觉得我们应当多从不同的渠道去了解和认识中国革命的故事，并通过电影电视和报刊书籍宣传这些关于红军革命的事迹，让更多的像我一样的同龄人自发地去认识和了解革命先辈的光荣传统。同时把自己的认识和看法同老师和父母交流沟通，逐步提升自己的思想认识，不崇洋媚外，提高民族自豪感。

这本连环画让我明白，广大的革命前辈为自己的国家民族奋不顾身的革命精神，不仅会牢牢刻印在中华民族的浩瀚历史长河中，更会丝丝融入我们时代的脉动中，让我们不会有丝毫的遗忘！这是我读这本连环画的感想，其中的滋味只能通过去读这本书来细细品味了！

黄石市广场路英才学校 407 班

张恩琪

奉 献

她无私奉献，她是早期的共产党员，是鄂东南特委常委、鄂东南妇女会主任、湘鄂赣省委巡视员。她不怕苦、不怕累，为祖国奉献了自己的一生，她就是“双枪”春姐贾春英！

当年贾春英跃马扬枪，名震湘鄂赣。新中国成立后，她归隐乡里，独自将烈士遗孤抚养成人。乡亲们都没想到这位看似平凡的老太太竟是位久经沙场、所向披靡的“大人物”。后来，有些人提出让贾春英去找组织要些待遇和抚恤，可贾春英总是严词回绝：“我能活下来就是已经享受了最好的待遇。我们的国家还不是很富裕，让组织去帮助其他人吧！”看到这里时，我眼眶湿润了，想到贾春英老人，她是那么无私而伟大，而现在的我们呢？每天吃香的喝辣的，快快乐乐地享受着生活还不满足。这让我想起了上个月的那件事……

记得那一天，我吃了晚饭，妈妈叫我帮她洗碗，可是我呢，像个大少爷似的，坐在沙发上看电视。这时妈妈说如果我帮她，她就会给我两块钱，我一听有工钱才不情愿地走进厨房帮妈妈洗碗，我三下两下就糊弄了过去，妈妈一看给我使了个白眼，她本想看到的是我把碗洗得干干净净然后到她那里要工钱，可没想到会是这个样子。我一看情况有变，于是就从妈妈手里迅速地抢走了那两块钱……想到这我深感惭愧。贾春英老人为了国家可以无私地奉献出自己宝贵的生命，而我呢，为家人做一点小事就要求回报。我以后一定会尽我的一份力，为身边的人做力所能及的事。

读了《“双枪”春姐》这本书，让我获益匪浅！

黄石市广场路英才学校 407 班

刘楚志

敬佩与珍惜

我读过很多的书籍，有《故事作文》《儿童文学》，我还特别喜欢阅读科普类的书，当然更少不了童话故事。前段时间学校举行了很隆重的授书仪式，并且还给每一位同学都送了一本叫作《“双枪”春姐》的连环画。拿到书我立刻就被封面上的图画吸引了，一位女士骑着马，双手持枪，战斗在战场上，这就是传说中的女英雄吗？没错，她就是“双枪”春姐，我如饥似渴地打开了书，一口气把它读完了，我的心情也跟着故事的情节起起伏伏。同时这本书也让我感受到了我们现在的生活来之不易，更让我感受到革命烈士的英勇，顿时我对他们的敬佩之情油然而生。

这本书讲述了“双枪”春姐贾春英的铿锵传奇及其丈夫潘涛抗击日寇的悲壮人生。1912 年，贾春英出生在湖北省阳新县的一个穷苦农民家庭，在那样一个重男轻女的封建社会里，她不仅承受着繁重的家务，而且精神上也饱受煎熬，让我印象最深刻的就是才 13 岁的她上山砍柴，途中遭遇大雨从山坡上滚下，我顿时热泪盈眶，想想我们现在的生活，每个人都像公主和王子那样被父母宠着，连家务事都很少做，更别说吃苦了，我们的童年比起贾春英来不知道好了几百倍，所以我们应该珍惜现在的生活，好好学习，听父母的话，自己的事情自己做。但是，在那样一个年代，贾春英并没有被困难的生活打倒，她跟随着表哥参加了革命，接受了新思想，她勤学上进，成为了优秀的共产党员，还被任命为鄂东南特委常委、鄂东南妇女会主任、湘鄂赣省委巡视员。但是革命不是一帆风顺的，贾春英被捕了，敌人对她用尽了酷刑，但她从未屈服。那些酷刑离我们太遥远了，我真的无法想象，但是我能体会到那是无法形容的痛，贾春英竟然能承受，宁死不屈服于敌人，让我对她产生了深深的敬佩之情，她真是一位女英雄！新中国成立后，她也没有给国家带来负担，过着平凡的生活，这种品质难能可贵，真是我们学习的好榜样。

我们很庆幸自己生活在这样一个年代，但是现在的美好生活都是革命烈士用鲜血换来的。妈妈也给我讲过好多革命小故事：“董存瑞炸碉堡”“小兵张嘎”“朱德的扁担”

等等。每个故事都会让人热泪盈眶，让人对这些英雄产生敬佩之情。我们一定要好好珍惜现在的幸福生活，好好学习，把革命的精神传承下去，做一个对社会对国家有用的人！

黄石市广场路英才学校407班

吴馨月

感　动

我一直以为命运是不可以改变的，可是读了一部著作之后，书中主人公的故事深深地打动了我的内心。她就是贾春英，这部书就是用她的名字命名的，叫《“双枪”春姐》。

贾春英是个命运悲惨的女孩子，她 8 个月大的时候，因为家里穷养不起，只好被姑妈家抱养，做童养媳。她 4 岁起就要做很辛苦的体力活。有一年，她上山打猪草，遇到雷雨天气，连人带草一起滚下了山坡……最后被一个叫罗冠国的人救了。后来她常去后山祠堂听他们的演说。1927 年 3 月的时候，她加入了中国共产党。从此她专门与豪绅地主做斗争，她凭借双枪闯遍湘鄂赣革命根据地。“双枪”春姐的故事名扬天下。

“双枪”春姐凭借自己的毅力，坚持学习，增加自身的实力，现在展现在我们眼前的已不再是当年那个柔弱的女孩子了，而是手持双枪英勇善战的女将。“双枪”春姐的故事让我明白了许多道理：每一个人生来命运不同，我们要学会去面对它！改变不了周围的环境，可以改变自己的心态，凭借自己的力量去做好眼前的事，让世界变得更加美好！

黄石市广场路英才学校407班

汪 博

传奇的复活

《“双枪”春姐》由红色作家余玮编著、青年画家龙翔绘图，全面真实地记录了“双枪”春姐贾春英的传奇一生。贾春英生活在湖北省阳新县筠山脚下的陶港镇贾村，从 13 岁起，开始为民族的独立、人民的幸福奔波征战。1984 年 3 月她在番彦村离世，带走了一生的传奇。她从不计较待遇，唯有满身的伤痕为她英雄的一生留下了注释。

令我感受最深的是“双枪”春姐受伤被捕，在狱中，无论敌人假惺惺地殷勤伺候，还是血淋淋地酷刑折磨，都没有使贾春英屈服，她始终坚贞不屈。还有第 74 幅，春姐的爱人潘涛在和日寇的战斗中牺牲了，残忍的日军将他的头颅割下来挂在河边的树上示众。日寇走后，战友们

1930 年，在田家庄召开群众大会时遇到打手破坏，
贾春英从高台飞身跃下将其擒拿

1932 年 6 月，彭德怀向贾春英布置侦察任务

偷偷地把他的头颅取下想入土为安，可这时日军突然回来了，看到这一切恼羞成怒，将他的尸体戳了数十刀，将头颅捅烂，随后将尸体丢进金水河，群众眼睁睁地看着尸体被冲走。在艰苦的革命斗争中，日军的行为是多么残暴和残忍，我们要记住日军的残暴行径，不忘国耻。

读了《“双枪”春姐》后，我们要像贾春英一样，从小学会吃苦头，为民族奋斗，并要记住当年日寇犯下的罪行，他们杀死了多少无辜的中国人。我们今天了解了清晰的历史，一段红色传奇开始复活，并在今天重新闪现出光芒。

黄石市广场路英才学校 407 班
祝炜航

有一种感动叫“双枪”春姐

“无论敌人假惺惺地殷勤伺候，还是血淋淋地酷刑折磨，都没有使贾春英屈服，她始终坚贞不屈。”这段话是由余玮编著的《“双枪”春姐》中的话。读了这本书，我仿佛经历了一次精神上的洗礼，“双枪”春姐英勇、光辉的形象让我的心久久不能平静，深深地被贾春英奶奶的英勇行为感动着！

贾春英奶奶出生于湖北省阳新县筠山脚下的陶港镇贾村的一个贫困家庭，当年，仅 8 个月的她就被抱做童养媳，4 岁就开始经历繁重家务和劳作之苦，肉体和精神上饱受煎熬。在她的表哥罗冠国，也就是阳新最早接受革命理论并传播革命种子的革命者的引导下，逐渐明白了自己的前途和命运，加入了革命队伍，焕发出新的生命和无穷的力量，从此，她将个人的命运与国家、民族、社会紧紧相连。

经过长期的艰苦磨炼，贾春英因能征善战而闻名，被共事的同志尊称为“春姐”，经历了多年战争的洗礼和监狱中敌人的百般折磨，贾春英成长为远近闻名的共产主义战士！

新中国成立后，组织上任命贾春英为妇女主任，因为在狱中受了伤，她不堪繁重的各项工作，只得向组织提出辞职回乡。回乡后有段时间潘家的日子过得非常拮据，凭着她对国家的贡献，她本可以向组织提出享受相应的待遇，但是她却甘愿清贫，不愿给组织找麻烦，不要任何照顾，硬是三十年如一日地挺了过来，这位可敬的老人就这样默默地像村里其他妇女一样生活着，直至残酷无情的病魔击倒了我们的英雄，1984 年 3 月 18 日，老人在潘彦村家中平静离世，带走了她传奇的一生。

“挫折是块磨刀石。”正如贾春英奶奶所说的，没有挫折就没有革命的成功。生活在社会主义新时代的我们又经受了多少、多大的挫折呢？

贾春英奶奶是位能征善战的革命战士，为新中国的革命事业做出了巨大的贡献，却甘愿回村务农。我们要把贾春英奶奶的这种从不炫耀功绩、从不计较待遇的精神发扬光大，永远传承下去，让我们永远铭记我们心中的英雄——“双枪”春姐贾春英！人民英雄永垂不朽！

黄石市广场路英才学校 501 班

顾郭诚

并未远去的岁月

上帝赐予我们眼睛，是为了让我们看到更美丽而奇妙的世界；上帝赐予我们双手，是让我们改造美丽的家园；上帝赐予我们双耳，是为了让我们聆听大自然那清脆而婉转的声音。而贾春英，则是全部投入了革命事业中。

含着敬畏之情，我读完了《“双枪”春姐》这本引人深思的连环画。我深深地吸了口气，心潮澎湃，久久不能平静……在那个战争年代，贾春英可谓是立下了汗马功劳。

这本书封面上贾春英骑着马双手开枪的样子，看起来别有一丝帅气。下面还有四个苍劲的大字：“双枪”春姐！贾春英曾有一个苦难的童年。她从 4 岁开始，就历经繁重家务和劳作之苦。1925 年，13 岁的贾春英在提着猪草和柴草回家时，因为下雨，脚下一滑，滚下了山坡。正好她的表哥罗冠国看到了她，并背起她走到姑妈家。得知贾春英认为自己命苦时，罗冠国就鼓励她。当明白自己的前途和命运在自己手里时，贾春英毅然决然地加入了中国共产党。在这之后，她屡屡立功，还和红军传奇女将胡筠并称湘鄂赣“双芙蓉”。因为她会带兵打仗送情报，被共事的同志称为“春姐”。

没有革命先辈同敌人不屈不挠的战斗，哪有我们现在自由幸福的生活？没有他们的牺牲，哪有我们这一代人繁荣昌盛的生活？在革命烈士心中，党的事业、革命的理想是神圣而至高无上的。他们能舍弃一切但不能舍弃党，不能舍弃革命事业。

尽管那些岁月已经离我们远去，但我们这个时代依然需要这种革命精神，所以我们应该多读革命烈士的故事，感受当时的生活是多么的艰苦，而春姐他们是多么的勇敢坚强，我们要学习他们的品质，要好好学习，把我们的祖国建设得更加繁荣富强！

黄石市广场路英才学校 501 班

孔庆怡

传　奇

《“双枪”春姐》是一本讲述阳新革命女杰贾春英英雄事迹的彩色连环画。上个月，贾春英之孙潘平向我们学校赠书 860 套，我非常荣幸得到了这本非常值得一读的书。

贾春英 1912 年 12 月出生于阳新县陶港镇贾村一个贫困家庭。1927 年加入中国共产党，历任鄂东特委妇委书记、鄂东妇女运动委员会主任等职，与红军时期著名女将胡筠并称湘鄂赣“双芙蓉”。她的丈夫潘涛在抗日战争时任新四军游击大队长，1940 年率部在咸宁嘉鱼与日寇激战五天五夜，壮烈牺牲。新中国成立后，贾春英解甲归田，务农为生，直到 1984 年离世。生前，她坚持不要个人待遇、不要国家抚恤、不吃政府救济，高风亮节令人起敬。

我看到她小小年纪就将个人的命运与国家、民族、社会紧紧相连；我看到她青春年少就跃马扬枪，名震湘鄂赣；我看到她面对亲人的牺牲，强忍悲痛，继续抗战；我看到她晚年归隐乡里，甘愿清贫，独自将烈士遗孤抚养成长。相比贾奶奶的生平，我们的生活是多么美好啊！我们生活在这和平、富足的时代，老师、家长为我们的成长费尽心血，朋友、同学始终陪伴在我们左右，与贾奶奶比起来，我们还有什么不满足？还凭什么不努力学习，为祖国美好的未来添砖加瓦呢？

“双枪”春姐贾春英的故事是中国革命历史上一段铿锵传奇！她的事迹在时间淘洗中日益光亮，她的精神永远绽放在高高升起的五星红旗上。

黄石市广场路英才学校501班

邵薰一

传承是最好的缅怀

我是一个爱读书的孩子，今天我要和大家分享一下我最近读的一本感觉不错的书——《“双枪”春姐》。

我被这本书的故事情节深深地吸引住了。书中的主人公春姐是一位勇敢、善良的女英雄，她的名字叫贾春英，湖北黄石阳新县人，她的传奇是从15岁开始的。在革命人士罗冠国的指导下，贾春英走上了革命的道路，1927年3月中旬，贾春英与一些年轻人宣誓要革命。从那以后，贾春英的革命之灯点亮了。

不久后，贾春英在当地建立了农会、妇救会，用大刀长矛组建了农民自卫队，并在当地产生了极大的影响。春姐小小年纪就学会了骑马和双手持枪射击。在春姐的革命生涯中，生与死的界限常常只在一线之间。后来春姐被选为鄂东南特委常委。1930年7月，红军攻打长沙，对全国革命运动产生的影响极大。春姐不仅参加了二打长沙，还使女同志在战争中起到了独特的作用。春姐经常在江西修水、湖南浏阳、平江等根据地进行革命，敌人对她既恨又怕，叫她“土匪婆子”……她为中国革命的胜利做出了很大的贡献。但是新中国成立以后，她却放弃了名利，回到家乡和村里的普通村民一样，天天上山砍柴、卖菜，靠微薄的收入支撑一家人的生计。家人要她向政府要救济、要抚恤金，可她却说：“我能活下来，就是享受了最好的待遇。”

合上书，我的心久久不能平静。我被“双枪”春姐勇敢和无私的奉献感动了。“双枪”春姐从13岁就开始为民族独立、人民的幸福奔波征战，等祖国强大了，她却悄然离去。她的一生，从不炫耀功绩，从不计较待遇，唯有满身的伤痕为她英雄的一生留下了注释。

传承是最好的缅怀。儿童是祖国的花朵，我们是共产主义的接班人。我们要把“双枪”春姐英勇和无私的奉献精神永远传承下去。祖国的明天一定会更加美好。

黄石市广场路英才学校501班

张博杨

我的眼眶湿润了

历史的长河如同无边无际的星空，许许多多驳杂的故事与人物交织在一起。其下有无数的传奇。而那一颗最耀眼的星星一定是“双枪”春姐。那个被小雨笼罩的清晨，我与她“相识”。

“双枪”春姐，真名贾春英，这个名字刻在红军的心里，长江黄河的流水也冲洗不掉。1912 年，她在湖北省阳新县陶港镇贾村出生。在革命书生罗冠国的启发教育下，心中的灯被点亮，开始了自己的革命生涯。她和战友胡筠组织了女子游击队。有一次，国民党军队路过离加义镇月光岩十余里的沙坝，一路烧杀抢夺。贾春英得知后，决定为乡亲们出口恶气，她率领游击队埋伏在屋顶上，敌人来到的时候，只听一阵雷鸣般的枪声，敌人被全部歼灭。

还记得，1936年10月初，她被叛徒出卖，被国民党军队逮捕。为了党的机密，她焦急地销毁文件。可叛徒彭一湖，朝她举起了枪。她怒不可遏地举枪还击。可惜寡不敌众，身中数枪。贾春英不幸被捕了。在狱中无论是高官厚禄的诱惑，还是惨不忍睹的酷刑，都没有让她屈服。后来因为第二次国共合作，她才被释放。

在后来的战争中，她收获了一生的爱情，找到了自己的革命伴侣——潘涛。1938年两人结婚，并很快有了身孕。不幸的是，潘涛在一次战斗中壮烈牺牲，年仅28岁。贾春英知道后潸然泪下。这年正月十六，他们的儿子呱呱坠地，只是潘涛与儿子从未谋面。

时光如流水，贾春英老了，战争留给她一身伤病，无奈不得不辞职归乡。晚年，她患上了食道癌，1984年3月18日，老人安静地离去，走完了传奇的一生，享年72岁。

看完这本书以后，我的眼眶湿润了，才知道，我们今天的幸福生活是革命先辈用生命换来的。学习先辈的精神，追寻他们“苟利国家生死以”的信念。找准自己的人生坐标，为中华之崛起而读书。

黄石市广场路英才学校501班

尹沐青

致敬春姐

她，英勇无比，15 岁时加入共产党。与战士们浴血奋战；她，不畏死亡，跃马扬枪，名震湘鄂赣，从而获得了“双枪春姐”的雅号，她，就是贾春英。

潘平和奶奶贾春英一起在农村中生活了 15 年，直到奶奶 72 岁时去世。他从小就听奶奶讲革命故事，脑海中一直留着奶奶当年英勇善战、出生入死闹革命的记忆。

1912 年，贾春英在湖北省阳新县筠山脚下的陶港镇贾村出生，父亲贾万里、母亲张氏均系贫苦农民。贾春英有着一个苦难的童年，在重男轻女的封建社会中，她加入了共产党。那一年，她才 15 岁。她 18 岁时就身先士卒，鼓励青年男女参加红军。终于，她成功了。后来叛徒出卖了她，她因负伤被捕。在狱中，贾春英坚贞不屈，最终走出牢房，这时，来迎接她的正是曾多次与她并肩作战的潘涛。1938年贾春英接受了潘涛的爱，与他结婚。不久，贾春英有了身孕，回阳新做情报工作。潘涛与妻作别，到咸宁抗日，没想到竟成了永别。

新中国成立后，老人在农村中过着贫穷的生活。1984年3月18日，在潘彦村家中悄然离世。

读了这本书，我深受感触——我们生长在和平年代，没有了硝烟战火。这样的环境是由千千万万个像贾春英奶奶一样的英雄，经过抛头颅、洒热血换来的。此时此刻，我们要更珍惜这来之不易的幸福生活。为了更好地为人民服务，我们要从小好好学习，掌握科学文化知识和社会知识，练就过硬本领，正确树立世界观和人生观，不断磨炼自己，严格要求自己身体力行，使自己向一个正确的目标迈进，为社会主义建设添砖加瓦！

黄石市广场路英才学校502班

姚汝涵

歌声里的春姐

"你在那个如磐的黑夜向灿烂的黎明出发，你在那个火红的年代把燎原的火种播撒，啊……"轻轻地哼着这首《春姐之歌》，我翻开了还散发着油墨香的《"双枪"春姐》，也翻开了一段红色的传奇历史……

1984 年 3 月 18 日，一位名叫贾春英的老人在家中平静地离开了人世，享年 72 岁。春姐，大名贾春英，一位红色传奇女英雄，威名赫赫，当年，她跃马扬枪，令敌人闻风丧胆，被人们亲切地称为"双枪"春姐。1912 年，她出生在湖北省阳新县一个贫寒的家庭。刚刚出生 8 个月就被送给别人做童养媳，度过了艰难悲苦的童年。看到这里，我不禁想起我们现在的生活，父母关怀备至，老师谆谆教诲……对比春姐，我们是多么的幸福啊！

1927年，一个春天的晚上，温润的气息已悄悄临近，革命的信念如阵阵微风，不带一丝寒意，轻盈地掠过青草地，掠过杨柳梢，掠过路旁摇曳的花朵，也掠过春姐的心，15岁的她踏上了革命的征途。从此，她风里来，雨里去，把全部精力都投入到了革命生涯中。无数次，和死亡擦肩而过，艰苦的革命生涯锻炼了春姐，她迅速成长为革命骨干。而我们，十几岁恐怕还在跟父母撒娇，为了一点点小事闷闷不乐。

1936年10月，春姐被叛徒出卖，身受严重枪伤，被敌人抓住关进了牢房。面对敌人，无论是威逼，还是利诱，我们的春姐，都不为所动。她忍受着丈夫被敌人杀害的悲痛，坚守内心的执着信念。新中国成立后，按照春姐的革命资历，她至少可以享受厅局级待遇，但是，她坚持不要任何照顾，三十年如一日，默默地生活。

合上书页，环顾整洁的书房，我心潮澎湃，尽管现在，战争的硝烟早已散去，但春姐的精神就像一颗璀璨的星辰照耀着我的心灵。我们今天的幸福生活，就是无数像春姐那样的革命烈士用鲜血换来的，我们怎么能辜负他们的流血牺牲？带着深深的思索，我又轻轻地哼起了那首《春姐之歌》:“你在那个如磐的黑夜向灿烂的黎明出发,你在那个火红的年代把燎原的火种播撒,啊……”

黄石市广场路英才学校 502 班

杜雨倩

立志成为中国梦的实现者

战争的硝烟似乎还未散尽，暴雨般的枪声好像还在耳边响起，腰佩双枪战马萧萧，春姐的英姿仍历历在目……读完《“双枪”春姐》这本红色励志书籍，我深有感触，她在敌人面前坚强、宁死不屈的精神让我敬佩，她甘愿清贫，不给组织添麻烦的崇高品质让我感动，我们为生活学习在春姐出生、革命过的家乡感到无比的自豪。

从小出身贫苦的贾春英在表哥罗冠国的激励下，改变了自己的命运，她 15 岁时庄严宣誓加入了中国共产党，走上了革命道路，从此她的命运与国家、民族、社会紧紧相连。她聪慧好学、勇敢机智，在轰轰烈烈的革命事业中不断建功立业，著名的“平江秋收暴动”“智取修水”“巧夺平江”等许多战斗的胜利，都是春姐和战友们用生命和鲜血换来的。由于叛徒出卖，“双枪”春姐重伤被捕，狱中的酷刑折磨和糖衣炮弹，都没有使坚强的春姐屈服。穿过了战争的枪林弹雨，经历了生活的风吹雨打，春姐辞职回乡后，甘于清贫，艰苦朴素，自食其力支撑家庭。她的熠熠生辉的品质为我们树立了一座精神丰碑。

我们成长在红旗下，这红旗是无数像“双枪”春姐一样的革命先辈用鲜血和生命换来的；我们生活在和平年代，这幸福的生活是无数像“双枪”春姐一样无怨无悔甘于奉献的共产党员为我们创造的。习近平爷爷曾经说过：“无数革命先烈用鲜血和生命换来的江山，为我们创造美好生活奠定了坚实基础，他们留下的优良传统是永远激励我们前进的宝贵财富，任何时候都不能丢。”

作为一名中华少年，我们热爱祖国，不忘历史，感激先辈，学习春姐坚定信念立大志，传承前辈无私奉献的革命精神。我们坚定信心，认真学习科学文化知识，我们茁壮成长，积极上进，立志成为中国梦的实现者。

黄石市广场路英才学校502班

谈杰霖

励 志

最近，我读了一本红色励志连环画《“双枪”春姐》，这本书图文并茂，由红色作家余玮编著、青年画家龙翔绘图，真实地记录了“双枪”春姐贾春英一生的传奇故事以及丈夫潘涛抗击日寇的悲壮人生。

当年，贾春英跃马扬枪，名震湘鄂赣。被士兵们称为“双枪”春姐，新中国成立后，她隐居故乡，独自将儿子抚养成人。村民没有想到，这位看似平凡的农村老太太竟然是中共早期党员、鄂东南特委常委、鄂东南妇女会主任、湘鄂赣省委巡视员。

贾春英的这种精神在时间的淘洗中日益增其光亮，不仅因为它牢牢印在历史深处，而且更因为这种精神能让我们过上更好的日子。我们要传承红色基因，砥砺理想信念，记住之前的耻辱，让中国在世界上拥有更高的地位。

正如书中的最后一句话：“江山来之不易！”我们今天的幸福生活是先辈们用鲜血换来的，我们应该感激先辈，应把先辈留下的红色基因传承下去。今天的中国是战士用鲜血换来的，我们要珍惜现在美好的时间，让中国变得更加强大！不能让我们先辈们之前的努力白白耗费掉，我们一定要好好学习，为国家争光，不能让之前的耻辱再次重演。让我们像先辈们一样，让“中国”这两个字永远刻印在心中。

我们要努力做一个有真实本领的人，兢兢业业地做有益于人民的事，成为对社会有用的人。同时我们要踏踏实实做人，做一个心灵美、语言美、品德高尚、知识渊博的人，像贾春英老人一样。这种人人民需要，社会需要，祖国更需要。

黄石市广场路英才学校 502 班

吴博文

别样的美丽

今天，学校组织了一次捐书大会，由潘平叔叔给我们发书——红色励志彩色连环画《“双枪”春姐》，这本书通过一幅幅美丽的插画和简洁的语言来描述贾春英奶奶平凡却与众不同的生活经历。

贾春英 1912 年出生在湖北省阳新县筠山脚下的陶港镇贾村，这里有着贾春英苦难的童年。

8 个月时，贾春英被抱做童养媳，4 岁时，贾春英不得不每天上山砍柴、打猪草，有时还会因为恶劣的天气而发生危险。再想想我们的童年，什么家务活都被家长包了，也不用上山，只用一心一意地学习就可以了，如果我们是贾春英，会经得住童年的种种磨难吗？

在贾春英刚刚成年，也就是 18 岁时，她用大刀长矛组成农民自卫队，并被当地人称为“美丽的女侠”，经过长期磨炼，她战绩非凡，与胡筠并称“双芙蓉”，并组织了一个女游击队，后来贾春英和潘涛因为同龄同乡成为了夫妻，1938年，贾春英有了身孕，可潘涛因抗日，在离开时只写了一封书信，谁知，这一去潘涛却再也回不来了……

这一个个故事，让我们熟悉了贾春英，并知道了抗战的辛苦，贾春英在战场里度过了大半生，身边人的离去，让她悲伤、愤怒。因为她们的牺牲才迎来了今天的生活，我们也要学习她们做一个能吃苦耐劳、对国家有用的人。

黄石市广场路英才学校502班

张雅倩

真盼望把她给救出来

前几个星期，北京的一家公司向我们学校捐赠了彩色连环画——《“双枪”春姐》。

彩色连环画《“双枪”春姐》图文并茂，由红色作家余玮编著、青年画家龙翔绘图，全面真实地记录了“双枪”春姐贾春英的铿锵传奇及其丈夫潘涛抗击日寇的悲壮人生，是青少年接受革命传统教育的力作。

当年，贾春英跃马扬枪，名震湘鄂赣，有“双枪春姐”的雅号，一些老红军战士晚年还记得。新中国成立后，她归隐乡里，独自将烈士遗孤抚养成人。村民没有想到，这位看似平凡的农村老太太竟是中共早期党员、鄂东南特委常委、鄂东南妇女会主任、湘鄂赣省委巡视员。

一种精神能够在时间的淘洗中日益增其光亮，不仅因为它牢牢印在历史深处，而且更因为它丝丝融入时代脉动。为深入发掘贾春英、潘涛革命先辈精神的时代价值，重温革命传统，汲取精神养分，进一步传承红色基因，砥砺理想信念，作家与画家联手创作了这本精彩的连环画，一段“雪藏”的红色传奇得以复活。正如贾春英的后人所言：“那些细节比好些战争电影、电视剧中塑造的人物故事更精彩。”

看完了这本《“双枪”春姐》，我的心里有无限感慨：看到第 3 页至第 5 页时，感受到了贾春英小小年纪就知道命苦，并还具有聪慧、勤劳、坚强、质朴等良好的品质。看到第 15 页至第 43 页时，又为贾春英为党贡献的一切而感到敬佩！当看到第 48 页，贾春英被叛徒出卖身负重伤的时候、在监狱里遭到酷刑折磨的时候，我感到十分心疼和愤慨，真盼望能把她给救出来！贾春英回乡后，就算家庭经济困难宁可吃苦也不去给组织添麻烦。

看完这本书，让我不但了解了“双枪”春姐的故事，还知道了现在的幸福生活来之不易。我要学习革命先辈们的优良品格，好好学习，做一个对社会有用的人。

黄石市广场路英才学校 503 班

张艺轩

有一种精神叫春姐

一提到连环画，我们首先想到的是漫画，可是读了红色励志连环画《“双枪”春姐》后我改变了看法。

其实，早在1985年，阳新县在开展阳新县组织史资料调查时，就从原湘鄂赣红十六师政委方步舟的回忆中得知贾春英的任职情况，确定为中共鄂东特委妇委会书记以及鄂东南妇女会主任。遗憾的是，当时该县对贾春英其他活动情况未做详细调查。

随后，在《中国共产党湖北省组织史资料》《中国共产党湖北省咸宁地区组织史资料》《中国共产党鄂南历史》中，贾春英的革命历程被一一呈现。

湖北省阳新县筠山脚下的陶港镇贾村，是贾春英的故乡。1912年，贾春英在这里出生，父亲贾万里、母亲张氏均系贫苦农民。贾春英有着一个苦难的童年。在重男轻女的封建社会里，当年出生仅 8 个月的贾春英就被阳新县潘桥石云村的姑妈倪氏抱做童养媳。

贾春英的表兄罗冠国是阳新最早接受革命理论并传播革命种子的革命者之一，曾长期化名罗连。一天，偶遇表妹惨境，罗冠国十分愤怒，认真地告诉她：不是你的命苦，而是你不能掌握自己的命运才苦，还有你不懂得跟命运做斗争。贾春英讷讷地说："什么？跟命还能斗……我不懂。"罗冠国再次认真地告诉她："好，我每天和一些朋友们在后山祠堂里唱歌谈心，你也去听听。"在石云后山祠堂里每天都聚集着一帮穷苦人，罗冠国以谈心为名义，实则是跟他们讲解革命道理。贾春英经常利用砍柴、打猪草的机会来到后山祠堂旁听。1927 年 3 月中旬的一天晚上，罗冠国将数位年轻人召集在一面印有镰刀斧头图案的旗帜下，向大家讲明中国共产党的使命、任务和纪律后询问大家："加入党组织不怕死吗？"大家异口同声地回答说："不怕！"最后，贾春英和其他年轻人一起举起了握紧拳头的右手庄严宣誓。此后，她的命运与国家、民族、社会紧紧相连。

1930 年，18 岁的贾春英任鄂东特委妇委书记。1931 年 8 月，在湘鄂赣省委领导下，鄂东南特委在阳新龙港正式成立，管辖阳新、大冶、咸宁、蒲圻、武宁等10多个县。吴致民为中共鄂东南特委书记，贾春英等为鄂东南特委常委。同年8月14日，鄂东南特委召开特委扩大会议，对加强党的领导、扩大红军、巩固和扩大苏区等问题做出了切合实际的决定。贾春英以鄂东南特委常委的身份出席了会议，并在这次会议上当选为鄂东南妇女会主任，负责10多个县的妇女工作。

贾春英的孙子潘平说，自己从小到大，奶奶讲得最多的是她在彭德怀的领导下作战的故事。当年，敌人疯狂“围剿”时，彭德怀多次安排给贾春英侦察任务。为攻克修水，彭德怀曾命令贾春英赴当地建立秘密联络点，侦察敌人军事布置。彭德怀故意激将，说：“你个女娃子，敢不敢去？”贾春英果断作答：“谁说女子不如男！我保证完成任务！”后来，贾春英出色地完成任务，帮助红军攻克修水，因而获得彭德怀的夸奖。贾春英作为特委妇女干部身先士卒，与各县苏维埃政府工作人员一道深入到苏区各个乡村，用自己掌握的革命道理和自己参加革命的亲身经历，去教育感动贫苦农民。为了让群众尽快知晓参加红军就是保卫自己的道理，她与妇女们一道传唱《送郎当红军》《当红军无上光荣》《当兵就要当红军》等革命歌曲。面对着轰轰烈烈的拥红高潮，贾春英常常对姐妹们说，不要小看自己是个女儿身，我们也同样可以到红军队伍中去建功立业。在她的积极努力下，一批青年男女走进红军队伍，成为苏区的有生力量。

1932 年 1 月，湘鄂赣苏区在粉碎国民党第三次“围剿”之后迎来鼎盛时期。鉴于贾春英出色的工作成绩，为革命不畏个人安危及机智勇敢的作风，经彭德怀提议，湘鄂赣省委决定调她为省委妇女部部长。两个月后，贾春英任湘鄂赣省委特派员、苏维埃政府巡视员兼妇女主任，负责管辖 30 多个县的妇女工作，经常在江西的修水、万载和湖南的浏阳、平江等根据地从事革命工作，参加过“平江秋收暴动”“智取修水”“巧夺平江”，配合部队夺取“宜丰、株木桥大捷”。因为她双手都能打枪，百姓称她“双枪”春姐，而敌人对她恨之入骨，叫她“土匪婆子”。

经过长期的艰苦磨炼，贾春英不仅在妇女运动方面成绩斐然，而且还以能征善战而闻名。在湘鄂赣地区，跃马扬枪，威震一方，与红军传奇女将胡筠并称湘鄂赣“双芙蓉”。两人走到一起后，有种相见恨晚之情，马上成了最知心要好的姐妹、战友。

在湘鄂赣苏区政府、红十六师指挥机关所在的湖南省平江县，至今流传着一首民谣：“上打咚咚鼓，下打鼓咚咚。两边齐打起，迎接‘双芙蓉’。”据平江县史志部门调查，这首民谣，主要是反映以胡筠、贾春英为首的队伍，打了胜仗回到苏区根据地，受到当地群众的热烈欢迎的庆贺场面，是群众自编自唱的歌谣，那是一个敲锣打鼓、铳炮喧天的动人场景。当年，胡筠、贾春英在苏区根据地被誉为“盛开的双芙蓉”。

我非常敬佩春姐，不仅是她的爱国精神，更是她的奉献精神、红色精神，她的精神不仅是中国精神，也是全世界都值得学习、模仿的精神，她的精神，不仅会被中国人记住，也会让全世界记住！

黄石市广场路英才学校 503 班

李　森

无怨无悔的选择

她，跃马扬枪，名震湘鄂赣；她，英勇善战，出生入死闹革命；她，战功卓著，却在新中国成立后归隐乡里，独自将烈士遗孤抚养成人，她，就是今天故事的主人公——贾春英。

当学校把这本装帧精美的连环画《“双枪”春姐》发放到我们手中时，我忍不住一口气读完！合上扉页，心里久久不能平静，脑海里还浮现着炮声隆隆，硝烟四起的战场上春姐策马扬鞭、英勇抗敌的动人画面……

贾春英出身贫寒。8个月被抱做童养媳。4岁开始经历繁重家务和劳作之苦。13岁遇到她的革命引路人——表兄罗冠国。在罗冠国的引导下，小小的贾春英明白了革命道理，明白了命运要牢牢地掌握在自己的手中。15岁那年，贾春英光荣地加入了中国共产党。看到画面中贾春英站在党旗前庄严宣誓时，我仿佛看到她清澈的眼眸里闪现出激动的泪花和对未来无限的憧憬。她仿佛一夜之间焕发出新的生命和无穷的力量。

后来，贾春英经历了土地革命，建立了农会、妇救会，她虽然没有读过书，却聪慧好学，学会了骑马和双手持枪射击。在“平江秋收暴动”“智取修水”“巧夺平江”，配合部队夺取宜丰、株木桥等大小战斗中都有她英勇作战的身影。贾春英和红军传奇女将胡筠被人们亲切地称为“盛开的双芙蓉”。在艰苦的革命岁月里，她逐渐成长，不断成熟，获得彭德怀夸奖。人们亲切地叫她“春姐”。可是敌人见她闻风丧胆，恨得咬牙切齿，叫她“土匪婆子”。每当我看到她策马奔驰、马背上英勇杀敌的画面时，不禁拍手叫好，大快人心。

在一次战斗中，春姐被俘了。我的心揪了起来，春姐会不会经受不住敌人的严刑逼供而叛变呢？她会不会被敌人杀害呢？后来证明我的担心是多余的，有着执着信念的春姐面对血淋淋的酷刑折磨，她始终坚贞不屈。幸运的是后来春姐被释放了出来，我提到嗓子眼的一颗心终于落了地。

故事往后不断发展，春姐找到志同道合的丈夫——

贾春英和胡筠组织的千人女游击队，
在当地战绩显赫，被当地人广为传颂

闻名湘鄂赣的贾春英成为许多红军指战员追求的对象，最终，她与英勇善战的潘涛走到了一起

潘涛。新婚不久，春姐回到了阳新，一边继续开展革命活动，一边期待孩子的诞生。而丈夫随部队开拔奔赴前线。这一别却成了他们之间的永别，潘涛率游击队抗击日寇时，遭到对方偷袭，不幸壮烈牺牲，年仅28岁。当看到日本鬼子将潘涛的头颅割下来，尸体被敌人用刺刀戳了数十刀时，我恨得咬牙切齿，攥紧拳头，恨不得能参加战斗。

阳新县终于迎来了解放，春姐被任命第八区妇女主任。不久，春姐看到本地及国家政权稳固，也由于身体在战斗中的伤痛使她无力继续工作，她选择了归隐乡里，独自带着烈士的遗孤过着拮据的生活。虽然家境贫寒，但是她却从没有找组织提出任何要求，坚持不要国家抚恤，不吃政府救济，自食其力支撑着家庭。她常说："那些战斗中牺牲甚至家破人亡的烈士，向谁要待遇？我们当年闹革命，只是为了穷人能有饭吃，大家能获得平等自由，不是为了做官，也不是为了金钱。"这就是春姐的选择，她一生无怨无悔。

老人走了，13岁就开始为民族的独立、人民的幸福奔波征战，但祖国富强了，她却悄然离去，她的一生，从不炫耀功绩，从不计较待遇，唯有满身伤痕为她英雄的一生留下注解。

我非常喜欢贾春英奶奶的孙子潘平最后说的一句话："传承是最好的缅怀，在价值观念日趋多元的今天，我们更需要缅怀先烈们可歌可泣的不朽功绩。追寻他们'苟利国家生死以'的忠诚精神，通过穿越时空的心灵对话，来调校我们的价值观取向，找准我们的人生坐标"。我们这些当代的孩子，拥有着优渥的物质条件，但是却恰恰缺少一种精神，缺少革命先辈那种忧国忧民、信念坚定、奋勇向前、不计得失的精神。这样的精神是永恒的财富，这样的精神能够在时间的打磨中熠熠生辉，不仅因为它烙印在历史深处，更因为它可以丝丝融入时代脉动。

"风雨送春归，飞雪迎春到。已是悬崖百丈冰，犹有花枝俏。俏也不争春，只把春来报。待到山花烂漫时，她在丛中笑。"掩卷沉思，最后我想将毛主席的这首词送给可亲可敬的贾春英奶奶。您的精神是岁月长河中永不磨灭的光亮，这种精神将永远指引我们前进的方向。

黄石市广场路英才学校503班

焦亮清

红色印记

今天，我怀着无比崇敬的心情读完了《“双枪”春姐》这本彩色连环画。我个人是比较喜欢读红色经典类书籍的，没事的时候也会经常看一些这样的书籍或是电影，因为我总觉得这是我们新中国诞生的标记，没有这些书籍，我们怎样去了解我们国家一步一步地走向富强？所以红色经典是十足珍贵的。

这本连环画主要讲述了土地革命时期、抗日战争时期和解放战争时期活跃在湘鄂赣地区的女英雄贾春英和其丈夫潘涛的故事。让我印象最深刻的是贾春英在被捕入狱时的情景，当时无论是敌人假惺惺地殷勤伺候，还是血淋淋地酷刑折磨，都没有使贾春英屈服，她始终坚贞不屈。这对我们是不是也有所启示呢？

我们每天过着幸福安定的生活，但是试想一下，如果没有当初那么多的革命烈士用青春和鲜血书写历史，我们怎么可能有如今的生活呢？而这些牺牲的烈士，他们在酷刑之下信念始终如一。

在当今社会下的我们有太多的人一碰到困难就退缩，一遇到挫折就放下。但革命先烈们在遇到数十倍、数百倍于此的困难时他们畏惧了吗？他们退缩了吗？不，他们没有！他们知难而进，勇往直前，用鲜血开辟了革命的道路，为新中国的成立打下了基石，在感动之余，这难道不应发人深省吗？

读完这本连环画，我眼前仿佛出现了那些为了革命胜利而献身、为了争取自由而牺牲的革命先烈们。虽然我们生活在和平的时代，但我们时刻都应铭记：胜利的旗帜是烈士们用鲜血染红的！如今的生活来之不易，要懂得珍惜，沿着先烈们的足迹，学习先烈们的革命精神，长大后，将我们的国家建设得更加美好，我们更应为了美好的明天而奋斗！

黄石市广场路英才学校 503 班

王子川

满身伤痕的背后

当你拿起这本书时，第一眼看到的就是图中这位女子骑着马，拿着枪，练习射击的情景。你肯定会想：“这个女人是谁?”相信已经有人猜到了，她就是“双枪”春姐贾春英。

贾春英一生中吃了不少苦。当年，她跃马扬枪，名震湘鄂赣。“双枪春姐”的雅号，一些老红军战士晚年还记得。新中国成立后，她归隐乡里，独自将烈士遗孤抚养成人。村民没有想到，这位看似平凡的农村老太太竟是中共早期党员、鄂东南特委常委、湘鄂赣省委巡视员。

贾春英虽然生下孩子后辞职回乡，可是她在不少老红军心中都有深刻的印象：她聪慧勇敢，骁勇善战，多次打败了敌人。直到晚年在村中，还教育后代子孙要做一个像她这样肯吃苦耐劳，肯为国家做贡献的人。贾春英奶奶病逝时，她的儿媳贾元英和孙辈潘平、潘百灵时刻陪在她身边，看着她佝偻的身躯和满身的伤痕，不由得心酸：13 岁就开始为民族的独立、人民的幸福奔波征战，但祖国渐渐富强了，她却悄然离去。贾春英奶奶的一生，从不炫耀功绩、从不计较待遇，唯有满身的伤痕为她英雄的一生留下注释。

读完这一段后，我也不由得心酸起来，她爱祖国，为祖国做贡献，甚至到了晚年都还挂念着祖国。我也开始敬佩她，她应该受人尊重！

黄石市广场路英才学校 503 班

王若水

铭记先辈的鲜血

我今天读了彩色连环画《“双枪”春姐》。它全面真实地记录了“双枪”春姐贾春英的铿锵传奇，是我们接受革命传统教育的力作。

当年，贾春英跃马扬枪，名震湘鄂赣。她在新中国成立后，归隐乡里，独自将烈士遗孤抚养成人。村民不知道，这位看似平凡的老太太竟是中共早期党员、鄂东南特委常委、鄂东南妇女会主任、湘鄂赣省委巡视员。

现在，我们都过着幸福的生活，用不着拿刀拿枪，但我们要传承红军精神。有了这样的精神，我们才能顽强地面对困难，乐观地克服困难。这样的精神是我们成功的动力！我们现在有吃有穿，应有尽有，有家长的关心，有老师的教导，有社会的关爱，艰苦似乎离我们远去。然而，你可曾看到，在升旗仪式上，有的同学站立还不到20分钟，就支撑不住，在学习生活中，遇到困难不是勇敢地前进，而是退缩！在闹市，有的同学甚至出口成“脏”，辱骂他人……

江山来之不易！我们今天的幸福生活是先辈们用鲜血换来的，我们应该感激先辈，应把先辈的红色基因传承下去！

黄石市广场路英才学校504班

程润倬

带不走的传奇

星期四，我们英才学校开了一场捐书大会，我们每个人都获赠了一本书——《“双枪”春姐》。回家后，我迫不及待地打开书，很快就被里面精彩的内容吸引住了。

《“双枪”春姐》讲的是一个红色故事，书中的主人公贾春英从小就开始经历了繁重的家务和劳作之苦。在一次机缘巧合下她遇到自己的表哥，在表哥的引导下她加入了中国共产党，在红军的队伍中建功立业。她是敌人恨之入骨的“土匪婆子”，是群众心里的“美丽女侠”，是同事可爱的“春姐”，是“双枪老太婆”的原型之一。她被选为鄂东南妇女会主任，打探敌人的情报，建立了女游击队，护送粮食，被捕后宁死不屈……她的晚年生活拮据，但从来没向组织提出任何要求，坚持不要国家抚恤，自己支撑着家庭，她享年72岁，就这样带走了一生的传奇，唯有满身伤痕为她英雄的一生留下了注释。

合上这本书后我沉思了很久，我们这代人离以前那种苦难的、炮火连天的生活越来越远，所以需要这种红色精神时刻鼓励自己，找准自己的人生坐标。贾春英奶奶的爱国精神和高尚的人格都是我们这代人需要学习的，正如贾奶奶说的：“苦难是块磨刀石，在面对困难和挫折时，不能气馁，要更加努力地战胜它，你弱它就强，你强它就弱。”

今天的幸福生活来之不易，我们除了要感激先辈，更应该把先辈留下来的红色基因传承下去，因为传承是最好的缅怀。

黄石市广场路英才学校504班

姜博文

缅怀

今天我读了《“双枪”春姐》这本红色历史书，它给了我很大的感触。

书中介绍了贾春英的一生。从她小时候明白自己的命运开始，后来学会骑马持枪射击，为国争光。她经历了许多磨难却全心全意为祖国着想，因此赢得了上级的称赞。她被关入牢中，也从未折服。到了晚年，家人劝她找组织也沾点福气，可她却坚决不，最后她被病魔折磨至死，享年 72 岁，可她的一生却被后人始终牢记。

读完这个故事后，我深深地感受到贾春英是一个英雄，她做了好事却不留名。记得她生前，有一次要运送干粮，她即使吃野草也不拿一块运送的干粮；她结了婚，但从来不会因为家事而不去战斗，相反，她更坚决地消灭敌人，连自身的安危都顾不上，心里只记着党和人民。这样一个女人，到了晚年也从来不向任何干部和组织寻求帮助，有困难总是自己处理。她走过了十分清廉的一生。

我们今天的幸福生活都来源于她们的努力奋斗。我们要学会感激前辈们，我们要把她们的甘愿吃苦、不畏艰苦的美好精神品格世世代代传下去。我们必须知道，没有她们保家卫国，辛勤努力，就不会有我们今天美好的幸福生活。

让我们一起缅怀先烈，学习革命故事，永远记住这些美好的名字及她们的故事。

黄石市广场路英才学校504班

周　全

报 效

读完了《“双枪”春姐》这本红色爱国主义的连环画之后，我深受感动。

这本爱国主义的连环画主要讲的是贾春英的故事，她1912年出生于一个贫困家庭，在她15岁也就是1927年加入了中国共产党，历任鄂东特委妇委书记、鄂东妇女运动委员会主任等职，与红军时期著名女将胡筠并称“双芙蓉”。新中国成立后，她解甲归田，务农为生，独自将烈士遗孤抚养成人，于1984年离世，在她生前，坚持不要个人待遇和国家抚恤。

这本爱国主义的连环画告诉我们，要做一个爱国的好少年，在这本连环画中，我认为最令人感动的是从第48页到第55页的这一部分，讲的是1936年10月初的一天，贾春英她们在护送一批物资的时候，被叛徒出卖，遇到国民党军队的埋伏，贾春英随机应变，立即烧掉身上的重要文件。可是和她一起的“三区联政府苏维埃主席”彭一湖却拿枪指向她，要她交出身上的文件和银圆，并对她的脚开了一枪。同时贾春英也立刻对着他的手开了一枪，这时国民党军队突然出现，并将她带回去，严刑拷打，想让她开口说出文件的内容并签投降书，可贾春英却十分有骨气，受尽折磨却一个字也不说。

贾春英有着这样的牺牲精神，并有着强烈的爱国情怀和集体意识，这是十分重要的，如果在打仗时，大家都不能团结一心，没有爱国之心，那肯定打不了胜仗。

读完这本红色爱国主义连环画，让我深深地明白了一个道理，作为祖国花朵的我们，一定要爱祖国、爱人民、爱集体。好好学习，长大后才能报效祖国。

黄石市广场路英才学校 504 班

袁曼雅

奉 献

《“双枪”春姐》是一部彩色连环画，记录了春姐贾春英伟大的一生。全面地介绍了战争年代的恐怖与艰难，然而共产党没有放弃，继续打击敌人，为国争光，贾春英也参与进来，她先后成为鄂东南特委常委、鄂东南妇女会主任、湘鄂赣省委巡视员。这些历史都铭记在她的子孙心中。

小的时候，贾春英的家庭条件十分艰难，吃不饱，穿不暖，没有一天好日子。4 岁那年，贾春英就开始上山砍柴、挖草，做一些体力活了。13 岁时，有一次上山砍柴，只见突然乌云席卷，狂风大作，电闪雷鸣，倾盆大雨将山路浇得湿滑，年少的贾春英被这突如其来的恶劣天气吓坏了，她的身子不由自主地往坡下滚。这时，远处有一位书生打着油伞走过来了，他扶起贾春英。原来，这位年轻人叫罗冠国，是贾春英的表兄，也是最早接受革命理论并传播革命种子的革命者。他带着贾春英来到了后山祠堂里，原来，罗冠国每天在这里与朋友唱歌谈心。贾春英来到这里，当明白了自己前途和命运时，她心中的那盏灯被点亮了。贾春英似乎一夜之间焕发出新的生命和无穷的力量，个人的命运与这个国家、民族、社会紧紧相连。随后，贾春英奋发图强，帮助老百姓，参加革命战争，呼吁妇女参加革命战斗等，为祖国的革命事业做出了很大的贡献。

贾春英的故事代代相传，她用她的智慧与英勇为我们的祖国，为人民争得一份光荣，我们要学习她的奉献精神，做一名勿忘国耻、振兴中华的少年。

黄石市广场路英才学校 504 班

皮诗宇

革命精神代代传

读了红色革命绘本《“双枪”春姐》后，我深有感触。该书以彩色绘本的形式，描述了“双枪”春姐贾春英的铿锵传奇及其丈夫抗击日寇的悲壮人生，是青少年接受革命传统教育的力作。文中以倒叙的方式，讲故事的手法，描绘了黄石本地英雄贾春英一步步走向革命道路的光荣历程。

读完这本书我首先想到的是，贾春英在那么艰苦的时期，还能保持坚定的革命信念，这是最可贵的。由于她对美好生活的向往，使她脱去了裹脚布，成为一名合格的女共产党员，并召集更多的女同胞们投入到了党的事业中。

紧接着，我又从文中读到了贾春英的乐于助人和沉着冷静。在遇到困难和危险的时候，第一个冲上去的身影总是甩着一个长长的辫子，那就是贾春英；而在发生慌乱的时候，一个有条不紊，疏散秩序的身影也一定是她。

同时，贾春英又是个骁勇善战的“女汉子”。她带领的“红色娘子军”们，个个都英勇无比，立下了累累战功，人们都称贾春英为“美丽的女侠”。

贾春英还是个重情重义的好战士。她在南征北战的途中，遇到了红军传奇女将胡筠，别人都称她们为“双芙蓉”。两人走到一起后，真是相见恨晚，马上成了最知心的好战友、好姐妹。但是如此要好的伙伴，却被人认为是反革命分子，不明不白地被逮捕，含冤死去。听闻噩耗，贾春英十分悲恸，感慨地说：“胡筠了不起，很会打游击，是个难得的女将！”

在贾春英被捕以后，她依旧保持着坚定的信念，宁死不屈斗争到底。出狱后，她建立了自己的家庭，她的丈夫潘涛为了抗日，甚至连亲生儿子都没看一眼便以身殉国了。直到多年以后，贾春英的孙子潘平寻访到爷爷的牺牲地，才了却了奶奶的心愿，终于让贾春英无憾此生了。

传承是最好的缅怀。我们是祖国的花朵，也是共产主义的接班人，作为红色的第四代，我们要带着革命前辈的遗志，将“双枪”春姐的革命精神世代相传。为了祖国的富强，民族的振兴，人民的幸福而努力奋斗！

黄石市广场路英才学校505班

袁艺航

可敬的老奶奶

我读完了《“双枪”春姐》的英雄事迹，心情久久不能平静，我们今天的幸福生活是多少革命先烈用自己宝贵的生命换来的，是他们牺牲了自己，我们才有今天的幸福生活。贾春英奶奶听了表兄罗冠国语重心长的一番话，彻底改变了自己的命运，不向旧思想旧观念低头，毅然决然地走上了革命的道路，并在今后的革命道路上创造了许许多多的英雄事迹。

坚持就是胜利，无数先烈在战场上与敌人斗智斗勇，不畏艰难，不怕牺牲，视死如归与敌人拼到底，为了革命胜利，牺牲了自己与家人的团聚，他们想着有国才有家，有了大家才能有自己的小家，是他们不怕牺牲、不怕困难，才换来我们今天的幸福生活，我们要好好学习，才能报答革命先烈用生命为我们换来的幸福生活。

贾春英奶奶的一生是忙碌的一生，她不要任何待遇，总是义正词严地说：“我能活下来，就是享受了最好的待遇，我们的国家现在还不富裕，让组织去帮助其他的困难群众吧！”是啊，在那个无情的战争年代那些在战争中牺牲，甚至家破人亡的烈士，向谁要待遇，他们中有的十七八岁，有的连名字都没留下来，他们当年闹革命只是为了穷人有饭吃，大家能获得平等自由，不是为了当官，也不是为了金钱，所以老百姓才拥护我们共产党，我们才能胜利夺取政权，才能成立新中国。多么朴实，多么真诚的老奶奶，所以，我们要珍惜今天来之不易的幸福生活，因为它是无数先烈用自己宝贵的生命换来的，我们要好好学习，掌握更多的知识，建设我们的国家，让祖国越来越强大，才能不被别人欺负。

黄石市广场路英才学校505班

陈馨怡

感悟

《“双枪”春姐》是一本红色励志连环画，讲述了主人公春姐贾春英的革命生涯。

贾春英从小就被一家人抱做童养媳，她有一个苦难的童年。她在一次上山劳作时不幸跌下山坡，被表哥罗冠国发现。她的表哥是众多革命者之一，因为这一次偶然的机会贾春英扯掉了裹脚布，投入到浩大的革命事业中。那一年，她才15岁。在轰轰烈烈的革命战争中，贾春英立下无数战功，身上留下了不计其数的伤痕，可想而知，她是多么英勇，多么勇敢！战争结束，和平年代到来，可1984年老人因食道癌安静地离世了。

想想烈士贾春英，再想想我们，一点点皮外伤，哭得泪流成河，被家人骄纵成“小公主”“小皇帝”，父母的“小心肝”。爸爸妈妈让我学习但我却沉迷于网络。这衣来伸手、饭来张口的年代还不是革命先烈一手打下来的！可他们却从没有也来不及去享受。

《“双枪”春姐》这本书让我有了深刻的感悟，今天的幸福生活是来之不易的，是革命军人用鲜血打拼来的，我们应深深地表达对革命军人最崇高的敬意。

黄石市广场路英才学校505班
周怡然

与命运做斗争

《“双枪”春姐》是一部革命性的连环画。贾春英从小吃苦耐劳。故事中表哥问了贾春英一个严肃的问题：“你的命为什么这样？”贾春英回答：“我命……苦呗。”表哥告诉她：“不是你命苦，而是你不能掌握自己的命运才苦，还有你不懂得与命运做斗争。”这句话陪伴了贾春英一生，她心中的那盏明灯被点亮了，毅然决然地扯掉了裹脚布，拿起了刀枪，参与到革命事业中。

罗冠国这句话也点亮了我心中的明灯。是的，只要掌握了自己的命运，你就会战胜困难，取得成功。这让我想起了我的一次经历。上学期，贺老师来班上选拔鼓号队队员，第一次选拔，我被挑中了，参加鼓号队表演节目，我很开心。可惜，第二次选拔时，我落选了。我十分失落，但是我没有放弃，鼓起勇气，找到贺老师，告诉贺老师我很想参加鼓号队，并表示自己有能力参加鼓号队，展现自己的诚意，贺老师经过考虑，最终又选上了我。

与命运做斗争，这是《“双枪”春姐》故事中我最欣赏的一句话。

黄石市广场路英才学校 505 班
吴　桐

铭 记

我看了一本书，名叫《“双枪”春姐》。这是一本关于革命的红色书籍。我深深地被故事中的主人公贾春英的革命精神所感动。

当年，贾春英跃马扬枪，名震湘鄂赣。她从小就有一个苦难的童年。她每天上山砍柴兼打猪草，在一个风雨交加的夜晚滑下山坡……就在这时，她遇到了表哥罗冠国。从此，开始了她的革命生活。

她在听表哥讲革命道理时受到了启迪，并有了感悟：我要当红军！她经历了种种磨难、悲伤与痛苦，最终走向了成功！

在人生的晚年，她患上了食道癌。病重期间，她在睡梦中念念不忘“苏维埃”“红旗”等关键词。食道癌晚期的她粒米难进、饮水即吐，亲人只能眼睁睁地看着她被活活饿死。

作为一名小学生，我应该努力学习，为国争光。把革命先辈百折不挠的精神永远铭记在心！

黄石市广场路英才学校505班
王博瑶

感动于“美丽的女侠”

一个清香袅袅的早晨，我和同学们刚刚走进校园，学校大队部就给每个人发了一本厚厚的连环画册，封面上一名英姿飒爽的少女，手拿双枪，骑着骏马，想必大家已经猜到了她是谁——没错，她就是“双枪”春姐贾春英。

贾春英小时候家庭生活贫苦，是姨表亲罗冠国的耐心引领，点燃了她心中革命的明灯，她毅然扯掉裹脚布，拿起刀参加了革命。很快，经过血与火的洗礼，贾春英迅速成长为一名跃马扬枪、能征善战、威震四方的革命女战士，被人们亲切地称赞为“美丽的女侠”。

当我如饥似渴地读完画册，心情久久不能平静，革命英雄贾春英的事迹深深感动了我，我对她的革命精神钦佩不已。画册中我最难忘的是：当潘涛牺牲后，他的老父亲因为失去儿子伤心不已，每天哭泣，妻子贾春英也很心疼，但她忍住心中的悲痛，“教训”自己的公公：“那么多革命战士为了劳苦大众，都献出了自己宝贵的生命，你儿子就不能牺牲吗？我都随时准备牺牲，革命就是要死人的！”这一句豪情壮语，让我知道了革命战士勇敢的大无畏牺牲精神，明白了他们的坚强革命信念。

掩卷长思，我脑海中闪现出电视剧《映山红》的画面，里面的英雄人物都与贾春英、潘涛极其相似，还有那些不愿屈服、不畏困难的红军战士，他们像一座座高耸入云的大山，比天神还强大，为什么呢？因为英雄们都有一颗愿为中华民族的解放而永不放弃的红心啊！想到这，我耳边又回响起主人翁的话：只要我们还活着，就不怕；只要我们还活着，就有希望。

是啊，为什么现在我们中华民族这样强大，为什么没有国家再敢侵略中国，不就是因为我们拥有无数个信念坚定、愿为国家奉献生命的英雄吗？中华民族就像梅花一样，不管经历了多少磨难，不管受过怎样的欺凌，但始终保持着顶天立地、永不低头的气节！

黄石市广场路英才学校 506 班

王俊文

幸福的背后

你听过这首歌吗？“你在那个如磐的黑夜，向灿烂的黎明出发；你在那个闹红的岁月，把燎原的火种播撒；从此那片……”这首歌讲的就是革命时代“双枪”春姐贾春英的英雄事迹。

贾春英是一位了不起的革命战士，当年她跃马扬枪，名震湘鄂赣。她出生在一个贫困的家庭，从小便饱受人间疾苦。在一个偶然的机会，加入了共产党。她参加过“平江秋收暴动”“智取修水”“巧夺平江”……并出色地完成组织交给的各项任务。因为贾春英能征善战，威震一方，被人称为“双枪”春姐。贾春英晚年——这位可敬的老人——带着一身的伤痛和疾病，她不向组织提要求，不向国家要抚恤，不向政府要救济，并且要求子孙后代不能向组织提任何要求。她这种甘愿清贫、自力更生的精神同样也激励着她的子孙后代们。

从贾春英的身上，我联想到自己身边的同学，别说自力更生了，就连自己分内的事情都做不好，背个书包要人背，做个清洁要人帮忙，有些女同学连扎头发都需要妈妈帮忙……真是让人羞愧和汗颜啊！还有身边一些年轻的“啃老族”们，他们自己不思进取，整天抱怨着工作太辛苦，物质条件不好……他们只想找爸爸妈妈要房子、要车子，想不劳而获。其实，我们都应该自力更生，先从小事做起，从改变自己的思想观念做起。

读完《“双枪”春姐》这部书后，我深深地体会到生活在一个和平的年代是一件多么幸福的事情，他们这些革命老前辈用鲜血和生命创造了和平的世界，我们应该好好珍惜这样的美好时光，努力学习，刻苦奋斗，成为一个栋梁之材，为祖国的建设和美好的明天去拼搏，去贡献自己的力量。

黄石市广场路英才学校506班

万思怡

可敬的红色榜样

今天，我读了一本书，它的名字叫《“双枪”春姐》。

《“双枪”春姐》是一本大型的励志连环画。主要讲的是“双枪”春姐贾春英的传奇一生。她跃马扬枪，名震湘鄂赣。因为她双手都能打枪，所以叫“双枪”春姐！她参加了许多任务，都十分出色地完成。当年的红军战士晚年还记得“双枪春姐”的雅号。

新中国成立后，她归隐乡里，独自将烈士遗孤抚养成人。村民没有想到，这位看似平凡的老太太竟是中共早期党员、鄂东南特委常委、鄂东南妇女会主任。

生前，这位可敬的老人像其他妇女一样日出而作，日落而歇，默默无闻地生活。她从未向组织提出任何要求，不要国家抚恤，不吃政府救济，自食其力支撑着家庭。

贾春英在狱中遭受严刑拷打，
始终咬紧牙关，坚贞不屈

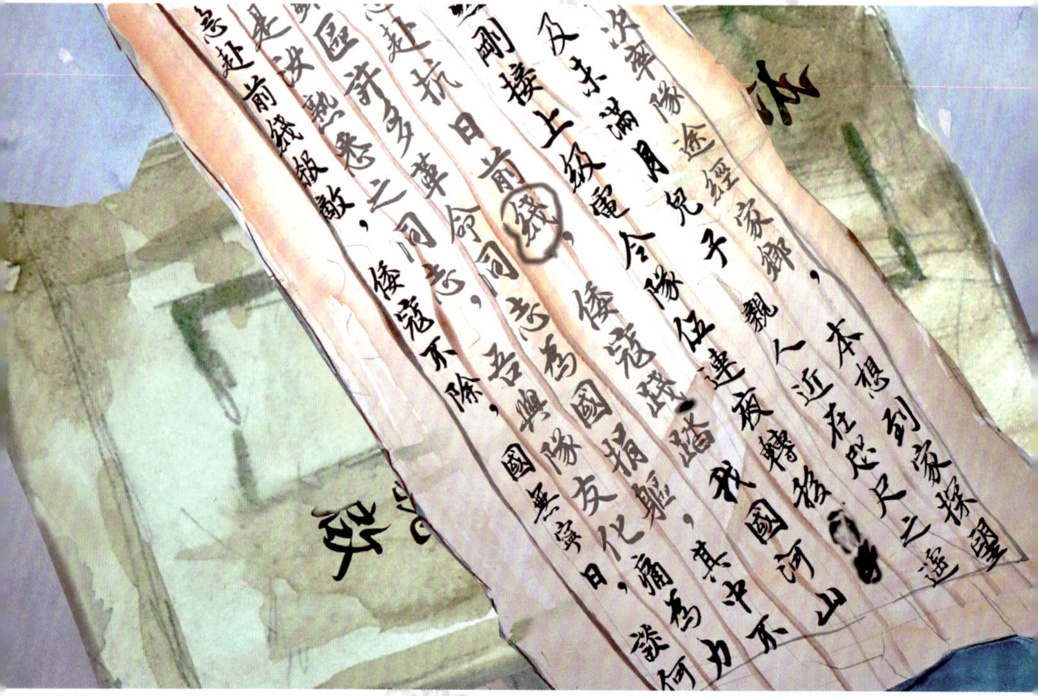

潘涛写给贾春英的家书

想想我们现在的幸福生活，不都是无数革命先烈用生命换来的吗？我们能吃饱穿暖，不都是无数革命先烈用鲜血换来的吗？

现在，许多人只立了一点功就向家长、老师、同学要奖励，提出许多要求。而真正立了大功的人从来都不会向任何人提出任何要求的。

现在，有多少人得了老师的表扬和同学的赞扬就在那里炫耀功绩，又有多少人从来都不计较名利和待遇呢？

所以，我敬佩贾春英奶奶的勇敢，敬佩她的不计较名利、待遇，不炫耀自己的功绩。

贾春英奶奶难道不是我学习的榜样，不是我最敬佩的人吗？

黄石市广场路英才学校506班

汪钰皓

爱国的心

读了《“双枪”春姐》后，我有很大的感受。

这一本书主要写了贾春英也就是“双枪”春姐从军参加革命的故事。她的故事被后人永远地记住了。

这本书中有很多令我感动的地方，但最让我感动的是无论敌人是假惺惺地殷勤伺候，还是血淋淋地酷刑折磨，都没有使贾春英屈服，她始终坚贞不屈。是什么使贾春英如此顽强，是她那顽强的身体吗？是她那坚强的意志吗？我想应该是贾春英那颗热爱祖国的心！

贾春英在辞职归乡后，有很多人劝她向国家要一些退休费，但贾春英却说：“让国家先去帮助那些贫困的人吧。现在国家还不富裕。”为什么贾春英要如此地爱国，如此地体谅国家？我认为这是因为贾春英那一颗爱国的心！正是因为这一颗爱国的心，才造就了贾春英这样一个不屈不挠、坚贞不屈的女英雄！

贾春英这样一位女英雄，值得我们后人去学习！我们要学习贾春英那一颗爱国的心！就是那颗爱国的心，使得我们中华民族有如此辉煌的今天！她是我们中华民族的骄傲！

黄石市广场路英才学校506班

田章程

继承与发扬

最近，学校给我们发了一本《“双枪”春姐》连环画。封面上这位跃马扬枪、身材健硕的女英雄是谁？她就是我们家乡的英雄，曾经威震湘鄂赣的革命女英雄贾春英。她那“双枪春姐”的名号，许多红军战士直到晚年都还清楚地记得。

“双枪”春姐早年参加革命，立下了许多功劳，但在新中国成立后，她却隐居故乡，独自将烈士遗孤抚养成人，直到最近她的事迹才被人们发现。

潘平是“双枪”春姐的孙子，他和奶奶贾春英一起生活了 15 年，他从小就听奶奶讲革命故事，脑海里留着的都是奶奶英勇奋战的事迹。直到奶奶去世，潘平到了 2012 年才知道奶奶原来是一位革命英雄，她的真实身份是鄂东特委妇委书记。

贾春英有着一个苦难的童年，年仅 13 岁的她每天要去打猪草，干很多农活。有一天，她忙碌到傍晚时，肩膀上背着一担沉重的柴草，手提一筐鲜嫩的猪草正下山回家，突然天阴沉了下来，乌云席卷、狂风大作、电闪雷鸣，瞬间就下起了倾盆大雨。大雨将山路浇得湿滑，贾春英为了做好大人吩咐的事情，为了自己的生存，只得冒雨前行，突然脚下一滑，一下子滚下山坡。就在贾春英哭泣时，一位年轻人路过，此人正是革命战士、自己的表哥罗冠国。在表哥地鼓励下，贾春英毅然拿起了刀枪，加入革命队伍，成为了一名革命战士！

经过多年的战争，革命队伍最终取得了胜利，建立了新中国！但是贾春英没有提出任何要求，独自回到家乡，辛苦抚育革命烈士遗孤，后又抚育孙子潘平，直到潘平长大成人，才发现奶奶的革命事迹。

通过认真阅读《“双枪”春姐》这本书，我从革命前辈的身上受到鼓舞，她们不畏艰辛、不怕牺牲、无私奉献的革命精神真是伟大！我们要认真学习革命先辈的事迹，把革命精神永远继承和发扬下去！

黄石市广场路英才学校 506 班

苏思成

做个有价值的人

我最近看了一本彩色连环画《“双枪”春姐》，这本连环画由红色作家余玮编著、青年画家龙翔绘图，全面真实地记录了“双枪”春姐贾春英的铿锵传奇及其丈夫潘涛抗击日寇的悲壮人生。她这一辈子从没享受过老红军的待遇，没向组织提出任何要求，直至离世……

跌宕起伏的情节，吸引着我一口气就读完了“双枪”春姐的故事。我闭上眼睛，心潮澎湃，久久不能平静。与贾春英奶奶对照一下，我觉得自己十分渺小。平时碰到一点点困难，遇到一点点挫折就会垂头丧气，叫苦叫累。贾春英奶奶的事迹给了我很大的启发！我决心要向贾春英奶奶学习，做一个敢于拼搏、不怕困难、英勇不屈，将来对社会有用的人。我也希望贾春英奶奶不屈的斗争精神继续在祖国大地上被传颂，鼓舞着一代又一代的人们为党的事业、为人民的幸福、为祖国的繁荣昌盛而英勇奋斗，默默奉献。

“双枪”春姐只是万千革命战士中的一个缩影，和平年代没有了硝烟的战火，这样的环境是由千千万万个像贾春英奶奶一样的英雄抛头颅、洒热血换来的。此时此刻，我们要更珍惜这来之不易的生活啊！为了更好地为祖国服务，我们要从小好好学习，掌握科学文化知识和社会知识，练就过硬的本领，正确树立世界观和人生观，不断积累自己的知识，严格要求自己身体力行，使自己向一个正确的目标迈进。为社会主义现代化建设添砖加瓦！

贾春英奶奶走了，走得那么从容，她用自己的行为告诉我们，这个世界需要爱心，需要奉献，在今后的学习生活中，我们要像贾春英奶奶那样不怕困难，勇往直前；像她那样不求功利，不求回报；像她那样坚贞不屈，光明磊落；像她那样大公无私，舍己为人，把爱心洒向世界的每一个角落。

我们应该像贾春英奶奶一样，做一个有价值的人！

黄石市广场路英才学校507班

宋岱骏

一部回味无穷的交响曲

《“双枪”春姐》生动讲述了曾经威震湘鄂赣革命根据地的女英雄贾春英在革命战争年代英勇善战、出生入死及新中国成立后从不计较待遇、甘愿清贫的感人事迹。

贾奶奶1912年出生于阳新县筠山脚下的一个贫苦农民家庭，童年被送往姑妈家当童养媳，童年时期背负着繁重家务，肉体上精神上饱受煎熬。直到她偶遇早年投身革命的表哥罗冠国，罗冠国一句反问“你的命为什么这样苦?”点亮了贾春英心中的革命火种，她开始将她的命运和国家、民族、社会的命运紧紧联系在一起，她意识到只有拿起刀枪积极投身革命才能改变自己和国家的命运。这一年她仅有15岁。

她参加革命后迅速成长，18 岁就任鄂东特委妇委书记，在当地建立起农会、妇救会，用大刀长矛组建农民自卫队，并学会了骑马，还学会了双枪射击，带动大批鄂东南青年参加红军，得到红三军团总指挥彭德怀的表扬。

1930 年 7 月，在红军攻打长沙的战斗中她率领特委妇女组织负责侦察、后勤保障工作，使妇女同志在战争中起到了独特作用。1931 年她成为鄂东南妇女会主任，主管鄂东、鄂南、赣北 14 个县的妇女工作。1932 年 6 月，修水一战中她在彭德怀的命令下建立起秘密联络点，侦察敌军布置，为红军攻克修水立下战功。

作为妇女干部，她在妇女运动方面成绩斐然，她经常利用自己掌握的革命道理和自己参加革命的亲身经历去感动教育贫苦农民，鼓励他们翻身做主，参加革命建功立业。在湘鄂赣边区工农兵大会上，她经常发表演讲，讲解对敌斗争经验，讲解如何用游击战、运动战、伏击战、突击战打败敌人。

在革命斗争中，她胆识过人、能征善战。一次，她与同事险遇武宁县国民党保安团的一个连，她乔装打扮，用黄泥抹脸，冷静混过敌人关卡。她与红军传奇女将胡筠一起组织的一支近千人的女游击队，在平江伏击全歼国民党军两个营。

在湘鄂赣苏区陷入国民党军重围进入游击战时期后，贾春英领导的工作队负责打通与湘鄂西苏区的联系、收集情报、护送给养。在居无定所、食无保障的情况下，她冒着生命危险完成了各项任务，被同事爱称为“春姐”。

1936年10月初，在护送一批物资返回平江黄金洞时，贾春英遭叛徒出卖重伤被捕，面对敌人的酷刑折磨，贾春英始终坚贞不屈，直到1937年被释放出狱。

1938年，贾春英与革命战友潘涛结婚，婚后，贾春英被派往当时已被日军占领的家乡阳新从事情报工作，丈夫潘涛率部赴咸宁抗日前线前曾短暂驻扎在与妻子近在咫尺的阳新筠山，仅留下家书一封而并未回家探望。不久后潘涛战死沙场以身殉国。面对丈夫的牺牲，贾春英强忍悲痛申明大义，甚至“教训”因思念儿子而悲痛不已的公公：革命就是要有人牺牲的，为何不可以是你儿子。

新中国成立后，贾春英因身体原因向组织上提出辞职回乡。有一段时间，她家的日子过得格外拮据，她从不向组织提任何要求、享受本来可以享受的红军失散人员待遇，不要国家抚恤、不要政府救济，自食其力地支撑着家庭。在孙子潘平的记忆中，奶奶和其他乡村妇女没什么两样，穿着补丁叠补丁的衣服，靠卖柴、卖菜的微薄收入支撑一家生计。

有亲戚和个别老战友多次提出让贾奶奶找组织要待遇和抚恤，贾奶奶总是严词回绝说："我能活下来，就是享受了最好的待遇，我们国家目前还不富裕，让组织去帮助其他群众吧！""我们当年闹革命只是为穷人有饭吃，不是为了当官，也不是为了金钱。"这些话说得多好啊，贾奶奶投身革命的最初是为了国家、民族、命运的改变。她的初心没有随着前半生舍生忘死、劳苦功高的功绩而有丝毫的膨胀，作为老革命，她后半生并没有居功自傲，反而选择退隐乡间如普通村妇一般生活。她是个没有私心的纯粹的爱国者，她把她的一生都奉献给了她的祖国，这也是《"双枪"春姐》这本书最能打动我的地方，我感觉到贾奶奶的一生像一部前半部气势磅礴、后半部看似平淡无奇，细品却回味无穷的交响曲，主旋律始终围绕着对祖国和人民深切的爱。我们现在的幸福生活是由千千万万个像贾春英那样平凡而又伟大的革命英雄前仆后继、英勇牺牲换来的，我们必须珍惜现在的生活。

正所谓"国家兴亡，匹夫有责"，我们只有把个人的命运与国家的命运紧密相连，个体的生命才会迸发出最大价值。贾奶奶那代革命先烈身上那种大无畏的革命精神及奉献精神会永远激励着我们。我们每个人如果抱有为中华之崛起而努力学习的决心，就会不惧学习中碰到的任何艰难险阻。

黄石市广场路英才学校507班

童博奕

勿忘英雄

我怀着崇敬之情读着《“双枪”春姐》这本红色励志连环画，内心好似大海中的波浪，久久不能平静。读完之后，感慨万千，贾春英那些值得人们学习和赞扬的精神，十分令人敬佩。

《“双枪”春姐》的主人公贾春英1912年出生于阳新县陶港镇贾村一个贫困家庭。1927年加入中国共产党，当年，贾春英跃马扬枪，名震湘鄂赣。“双枪春姐”的雅号，一些老红军战士晚年还记得，新中国成立后，她归隐乡里，独自将烈士遗孤抚养成人。村民没有想到，这位看似平凡的农村老太太竟是中共早期党员、鄂东南特委常委、鄂东南妇女会主任。

读了《“双枪”春姐》这本连环画，里面有四句话使我印象深刻。

“直到最后队员们所带的干粮吃完了，就是野菜充饥也不曾动用护送的物资。”这句话表明了贾春英与她率领的队伍是一支有纪律、能吃苦、能战斗的工作队。她们这样有纪律，从不动用护送物资，上级让她们干事，她们也干得好，不违反纪律；她们这样能吃苦，即使干粮吃完，饥肠辘辘，也不吃护送的粮食；她们又是这样能战斗，无所畏惧、所向披靡。她们这种精神是常人难以做到的，我们要向她们学习。

“无论是敌人假惺惺地殷勤伺候，还是血淋淋地酷刑折磨，都没有使贾春英屈服，她始终坚贞不屈。”这句话表明了贾春英不畏惧、不屈服、永不投降的精神。之后无论怎么样，贾春英都不签署投降书。我们要学习她这种永不屈服的精神，不能遇到一点困难就退缩，碰到难题要有勇于解决的精神，永不屈服。

“贾春英知道后，‘教训’起自己的公公：那么多革命战士都牺牲了，你儿子就不能牺牲啊，我都准备随时牺牲，革命就是要死人的！”这句话说明了贾春英视死如归、舍生忘死的精神。这是许多人都做不到的，非常人所干之事，非凡人所说之词，我们要学习贾春英的这种精神。

“有一段时间，潘家日子非常拮据，于是后人动议她去找组织，多少能沾点福气，对此，贾春英总是坚定地予以拒绝。”这句话说明了她只为人民无私奉献、不关注自己的生活、不向上级索取、自己独立生存的精神，这些精神值得我们学习。她的独立生存精神就像我国清朝著名画家、书法家、教育家郑板桥临终前给儿子写的信：流自己的汗，吃自己的饭，自己的事情自己干，靠人靠天靠祖宗不算是好汉！

作为华夏子孙，我们难道不应该学习贾春英的精神吗？她的种种精神值得人们歌颂。每当我站在五星红旗面前，不禁肃然起敬，为抗日烈士感到崇敬与骄傲。望着鲜艳的五星红旗，仿佛那是用革命烈士的鲜血制成的。想起那些革命烈士的伟大事迹与精神时，总觉得自己十分渺小，我们遇到一点小事就气馁；遇到一点难题就放弃；遇到一点小伤就哭泣；遇到一点表扬就得意；遇到一点批评就生气。我们完全不能和那些革命烈士相比，所以我们更应该学习贾春英的精神，弥补自己的不足，做一个更好、更优秀的自己。让我们铭记贾春英，铭记她的历史及精神吧！

黄石市广场路英才学校507班

刘文乐

奉献一辈子

平常，我们大家读的都是幽默的漫画书，有趣的故事书，引人入胜的小说。但今天我们英才小学有幸迎来贾春英的孙子潘平来我校演讲并捐赠了《“双枪”春姐》这本书。当我们读到这本革命历史书，我们的心灵受到了一次洗礼。

《“双枪”春姐》这本书全面真实地记录了当年贾春英跃马扬枪、名震湘鄂赣的铿锵传奇以及其丈夫潘涛抗击日寇的悲壮人生。新中国成立后，她归隐乡里，独自将烈士遗孤抚养成人，让别的村民都以为春姐只是一个看似平凡的老太太，但他们都不知道春姐的背后有一个辉煌的人生。

在这当中，春姐曾被关押在牢房里，忍受着敌人的献殷勤和酷刑，但贾春英还是严守秘密。想到自己每次受到一点小伤就会哇哇大哭，还有在做作业的时候，妈妈让我多做一点作业或妈妈觉得我这次作业的字写得不好让我重写，我都会发脾气，不像春姐那样坚强。新中国成立后，在乡下，春姐甘愿清贫，也不去向组织索取食物、金钱，不去劳烦组织。同时我也想到了自己每次路上看到了一点好吃的、好玩的就找爸爸妈妈要钱买，一点都不会节约。而且现在有很多小朋友们看到了以前的一些革命历史书，看到了那些革命战士的悲惨命运，都会不以为然。但是我知道一点：忘记过去就等于背叛祖国！

《“双枪”春姐》这本故事书我看完了，但心情却久久不能平静，想想自己曾经的退缩，心中渐生惭愧。现在的我们要学会坚强，像春姐一样，威武不能屈，贫贱不能移！

黄石市广场路英才学校507班

吕　妍

感动于“双枪”春姐

《“双枪”春姐》是一本感动人心的精彩历史书，里面讲述着贾春英一生经历过的英雄事迹……

当年，她跃马扬枪，名震湘鄂赣。因为双手都能打枪，百姓称她“双枪”春姐，而敌人对她恨之入骨，叫她“土匪婆子”。13 岁她就开始为民族的独立、人民的幸福奔波征战，当年的红军战士晚年还记得“双枪春姐”的雅号。新中国成立后，她归隐乡里，独自将烈士遗孤抚养成人。村民没有想到，这位看似平凡的农村老太太竟是中共早期党员、鄂东南特委常委、鄂东南妇女会主任。生前，这位可敬的老人像村里妇女一样日出而作，日落而歇，默默无闻地生活着，从未向组织提出任何要求，始终坚持不要国家抚恤，不吃政府救济，自食其力支撑着家庭。她一生从不炫耀功绩、从不计较待遇，唯有满身伤痕为她英雄的一生留下注释。

书中最让我感动的是贾春英在探究情报时被国民党抓走，关进了牢房，刚开始，敌人一边假惺惺地伺候她，一边打听情报，但贾春英却只字不提，敌人很生气，后果很严重，他们用辣椒水灌鼻，用竹签扎手指头……可是，爱国的贾春英始终一言不发，敌人拿她没有办法，贾春英是多么英勇无畏，多么爱国啊！

再想想自己，每次升国旗的时候，都没有严肃地对待，开小差，讲话，天一冷就把手缩进衣服里，如果被敌人抓走的是我，当敌人问我情报时，我可能会一字不差地说出来，而贾春英却把自己的生命放在第二，把党的利益放在首位。贾春英为党和人民做了那么多的贡献，却从不索要报酬，想想自己，只要做了一点小事，就认为自己很了不起了，只要一表扬，就会骄傲自满，春姐这种不求回报的精神值得我学习。

贾春英的爱国精神，是我们学习的好榜样，她的英雄故事，是留给我们每一个人的精神财富！

黄石市广场路英才学校507班

夏子游

心动不如行动

手捧《“双枪”春姐》这本装帧精美、图文并茂的连环画，我埋着头，一口气把它读完了——“双枪”春姐贾春英英姿飒爽、奋勇抗敌的形象跃然纸上；她与丈夫叱咤硝烟，勇斗日寇，为国献身的精神让我肃然起敬；贾春英夫妇艰苦奋斗，不畏强敌，戎马一生的经历更是久久印在我的脑海中：这就是我们的榜样，革命的力量！

这个故事，从潘平对奶奶的回忆讲起：奶奶贾春英，从小受尽苦难，13 岁时，初识革命，拿起刀枪苦练本领；18 岁时，便能抓匪擒敌，在革命队伍里，骑马射击样样精通，年纪轻轻，前线杀敌，屡立战功；她与丈夫，勇敢杀敌，击退日寇；新中国成立后，却归隐乡里，独自将烈士遗孤抚养成人……贾春英！这个闪光的名字，一生都在诠释着伟大的革命精神！

读着读着，我仿佛看到年轻的贾春英在彭德怀将军面前毅然请愿：“如果连前线侦察都不敢去，那就不配我腰上别着的两支枪了！”这坚定的承诺，正气的军礼，让我难忘！想想她那时正是如花少女，却能直赴战场，奋勇杀敌，出色完成任务，让我发自内心地对春姐无比钦佩。在一次从妇救会返回的路上，春姐机智勇敢，乔装脱险，与汪敏直闯关卡，回归组织，着实让人折服。书中“双芙蓉”带领游击队，歼灭敌人，缴获枪支的胜利喜讯，真是鼓舞人心。后来，春姐不幸被捕，在狱中受尽折磨，不屈不挠，又是那么叫人心疼和敬仰！

书中文字不多，但每一段历程都让读者为之震撼。书中的配图生动贴切，让我们看到英雄人物刚毅的表情、坚定的内心，仿佛正在眼前上演，此时的我们仿佛又回到了那时那地。想想老师们常常教育我们，今天的幸福生活来之不易，以前我只是懵懂，当“双枪”春姐的形象立在我眼前时，我才深切地体会到为什么说“国旗是战士们的鲜血染成”；为什么说“没有共产党，就没有新中国”。春姐，只是万千革命者中的一个缩影，春姐让今天的我们再次感受到了那顽强不屈的革命精神！

今天的幸福生活，我们没有理由不珍惜；伟大的革命精神，我们没有理由不传承！想想我自己的生活，每天不愁吃喝，能高高兴兴地在阳光下快乐地学习、奔跑，却还时常为了一些小事而生气烦恼。有时候，不想好好学习，跟爸爸妈妈生气；有时候，不愿意吃苦，而放弃自己最初的决心；有时候，为了偷懒，连作业都不想好好完成，每天过着比蜜还甜的生活，却常常不知足，总是希望为自己索取更多，得到更多……想是想着，我不禁脸红了！“双枪”春姐的后代就在我们身边，我们班的潘姝彤同学的爸爸，正是那个守在晚年春姐身边的小孙子。春姐一生质朴，从不炫耀功绩，从不计较待遇，只留下了满身伤痕，这精神是多么可敬！我们要和潘平伯伯和潘姝彤同学一起将英雄事迹，代代传承！

从现在起，我们就要向潘姝彤同学学习：不骄不躁，质朴勤奋；向潘平伯伯学习：传承革命精神，端正价值取向；向“双枪”春姐学习：不屈不挠，顽强拼搏！学习上的困难怕什么？生活的挫折怕什么？只要努力、向上、坚持，没有什么困难是不可战胜的。国家富强，民族振兴，祖国未来的重担都在我们的肩上，只有我们勇敢强大了，民族才有希望！

同学们，行动起来吧，“传承是最好的缅怀”！用潘平伯伯的话来激励自己：“在价值观念日趋多元的今天，我们更需要缅怀先烈们可歌可泣的不朽功绩，追寻他们‘苟利国家生死以’的忠诚精神，通过穿越时空的心灵对话，来调校我们的价值观取向，找准我们的人生目标!”

黄石市广场路英才学校601班

叶子昕

悦读一种精神

在那个战火纷飞的年代，总有一些人的形象让我们印象深刻，他们和我们从未谋面，但他们的精神却永存于我们心间。《“双枪”春姐》中的贾春英，就是英雄的星空中闪耀着的一颗红星。

《“双枪”春姐》这本彩色连环画图文并茂，由红色作家余玮编著、青年画家龙翔绘图，全面真实地记录了“双枪”春姐贾春英的铿锵传奇及其丈夫潘涛抗击日寇的悲壮人生。贾春英小时候偶遇表哥罗冠国，懂得了革命道理并加入中国共产党。在军队里，她多次侦察探敌情并当上了妇委会主任，贾春英还组织了赤卫队，在战斗中表现得英勇顽强又沉着冷静，得到领导赞赏，后与潘涛结婚，怀孕之后回到老家阳新依旧负责提供情报。贾春英最后因患食道癌而去世，享年 72 岁。

看完这本连环画，我对贾春英同志产生了无限的敬佩之情。最令我难忘的是她在关键时候的沉着冷静和不屈不挠。有一次贾春英和一个叫汪敏的妇救会长在完成任务返回途中遇到了敌人，她连开数枪后，叫汪敏装病并将其背在背上，在过关卡时，贾春英沉着地与保安团周旋，故作“姐姐要病死了，一刻都耽误不得”来骗过保安团，成功脱险。贾春英在如此关键时刻能巧妙脱险，使我叹服，可以看出她训练有素、聪明勇敢、沉着冷静，果然不愧是士兵们心中的春姐。春姐遭叛徒出卖在狱中的时候，无论是敌人假惺惺地殷勤伺候，还是血淋淋地酷刑折磨，都没有使贾春英屈服，她始终坚贞不屈。共产党就是因为有像贾春英这样不畏敌人、不畏困难、坚贞不屈、视死如归的无论如何也不背叛共产党的战士，才取得了最终的胜利。

同样，贾春英的丈夫潘涛也令我印象深刻。他坚决服从上级命令，而且丝毫不怠慢，原本他在上前线前可以去看看妻子儿子的，可他毅然决定像大禹一样“过家门而不入”，临别时写书信一封于妻子，说“化悲痛为力量”，承诺“抗战胜利之日，就是我返家之时”。潘涛无时无刻不为党和人民着想，为了党和人民平安，他付出了许多许多……可惜，在一次战斗中，他所在的军队寡不敌众，他也英勇牺牲了……这难道不应该令人敬佩、感动吗？他死后，敌人将他的尸体捣了个粉碎，然后丢到了河里。日寇真是残忍无情！而正是因为有像潘涛这样的战士抛头颅、洒热血，誓死保卫家园，才使我们过上了幸福生活，国家才越来越强大。

令我感到非常荣幸的是贾春英的曾孙女潘姝彤就是我的同班同学。她乐观大方、积极向上、性格爽朗，跟我的关系很不错。从她身上，我仿佛看到了贾春英同志的影子。英雄就在我们的身边，难道我们不应该向英雄学习吗？

贾春英抗战胜利后从未找组织要半点福利，自愿贫苦地度过剩下的人生。贾春英 13 岁就开始为民族的独立、人民的幸福浴血征战，祖国渐渐富强了，她却悄然离去。她一生从不炫耀功绩、从不计较待遇，唯有满身的伤痕，为她英雄的一生留下注释。让我们一起感谢像贾春英这样为祖国南征北战、倾其一生的人吧，他们的精神将永存于我们的心间！

黄石市广场路英才学校 601 班

柯正宽

感悟家国情怀

我是潘涛、贾春英的曾孙女，在《“双枪”春姐》连环画里还有我的画面，这让我对这本连环画倍感兴趣，翻阅了很多遍，爱不释手。我经常听爷爷和爸爸妈妈讲述我太爷爷、太奶奶的故事，没想到他们的传奇故事《“双枪”春姐》连环画在全国出版发行，并在读者中引起强烈的反响。我也被连环画中传奇、惊险的情节所吸引，为他们高风亮节、无私奉献、鞠躬尽瘁的高尚品格所感动，并对太爷爷、太奶奶大无畏的革命精神产生深深的敬佩。一对革命夫妻，为了国家的独立、人民的解放，不惜抛头颅、洒热血，他们的革命精神永远值得我们敬仰！

特别是太爷爷潘涛写给太奶奶贾春英的家书，更是催人泪下：“……倭寇践踏我国河山，苏区许多同志为国捐躯、国无宁日、谈何家全？尔现身在后方搜集情报，因妻曾是我党领军人物，吾安然于心。抗战胜利之日，就是我返家之时……”

这封家书是太爷爷从老家阳新县筠山随部队转移前，匆匆写给太奶奶的，与亲人近在咫尺却不能相见，毅然奔赴抗日前线，充满了豪情。抗战胜利之日，便是太爷爷返家之时，放弃与亲人团聚的机会，只为抗战胜利。可惜爷爷不幸牺牲，再也没能与家人团聚。这封家书不仅道出太爷爷的拳拳爱国之心和抗战到底的决心，更显现出一位丈夫对妻子和儿女的不舍。

太奶奶贾春英智勇双全、英勇善战，是湘鄂赣边区响当当的“双枪芙蓉”，因此太爷爷在最后提到不容嘱咐，我安然于心。一字一句都透着对太奶奶的惺惺相惜和相互勉励，读来慷慨激昂，自有一番豪情。正是有了太爷爷、太奶奶这样千千万万的英雄儿女，舍家为国，前仆后继，英勇战斗，才换来我们现在的和平生活。

人无精神不立，国无精神不强，太爷爷、太奶奶，以及许多革命先辈无私奉献、奋勇作战的精神令我钦佩，他们不怕苦、不怕死，甘于奉献的做法令我深思。

如今，我们的生活发生了天翻地覆的变化，人们的思想也随之发生改变。在我们青少年中，产生了一些不良习气：他们穿名牌、用高档学习用品，吃饭挑肥拣瘦。当他们过着如此幸福生活的时候，可否想过当年红军吃草根、啃树皮、缺衣少食的日子。

作为潘涛、贾春英的曾孙女，在我感到自豪的同时，更觉得这是一种责任和压力，更觉得应该自觉刻苦学习，做先锋、做表率，长大后，以太爷爷、太奶奶为榜样，为实现中华民族伟大复兴的中国梦贡献力量。

我庆幸遇上了今天的美好年代，我们虽然没有经历战火纷飞，不用面对敌人的刀、枪、炮，但先烈们经历的艰苦困难和革命精神会永远激励我发奋学习、严格要求自己，当好一名优秀的少先队员。太爷爷、太奶奶的革命精神是我永远用之不竭、取之不尽的精神财富。

少年兴则国兴，少年强则国强。今天我们为振兴中华而勤奋学习，明天我们为创造祖国辉煌贡献自己的力量！我要好好学习，把爱国之志真正变成报国之行。

黄石市广场路英才学校601班

潘姝彤

生命不息　战斗不止

当年，一位跃马扬枪的女战士名震四方，谱写了一段铿锵传奇，她就是“双枪”春姐贾春英。这本彩色连环画图文并茂，真实记录了贾春英的戎马一生和丈夫潘涛抗击日寇的悲壮人生，令我们为之动容。我们的同学潘淑彤作为贾春英老人的曾孙女，是我们身边的革命英雄后代，也曾向我们讲述过亲人的革命故事。当我们拿到这本精美的连环画后，更增加了对春姐的钦佩。

贾春英 15 岁那年和其他年轻人一起，举起了握紧拳头的右手庄严宣誓。此后，她的命运与国家、民族、社会紧紧相连。贾春英辗转各地，曾是中共早期党员，担任过鄂东南特委常委、鄂东南妇女会主任等多项重要职务，得到彭德怀的赞赏，参加过许多革命行动，能征善战，与红军传奇女将胡筠并称湘鄂赣“双芙蓉”。

1936 年 10 月初，春姐在护送一批物资返回平江黄金洞时遭叛徒出卖，突遇国民党军队埋伏。情况紧急，贾春英立即焚烧随身携带的文件，面对同伴彭一湖的背叛和敌人的围捕，她毫不畏惧。彭一湖为防止贾春英反抗，朝她脚踝开了一枪，贾春英愤怒地顺势倒地回应一枪。敌人冲上来，贾春英正准备提枪反抗，几十颗子弹向她飞来……“双枪”春姐因受重伤被捕。在监狱中，不论是敌人假惺惺地伺候，还是血淋淋地折磨，对贾春英来说都是徒劳，她不惧面前所有的挑战，宝剑锋从磨砺出，梅花香自苦寒来！在那样一种高压状态下，谁能坚强地活下去，谁就是胜利者。面对磨砺，坚强不屈，面对考验，勇敢面对。这是一位多么令人敬佩的女战士啊！

当我读到贾春英 15 岁入党时庄严宣誓的片段，心中波澜起伏。仅仅 15 岁啊，贾春英就已下定决心，义无反顾地投身到党和人民的事业中，这种思想境界，是年龄差距仅有两三岁的我们远远不能达到的！当明白自己的前途和命运靠自己掌握时，贾春英心中的那盏灯被点亮了，一夜之间焕发出新的生命。我们也得这样啊，一旦找到自己的目标，定要拼尽全力，不可懈怠，努力去追逐自己的梦想，用自己的力量改变未来的方向！

贾春英，这样一位戎马一生的战士，一位默默奉献的老人，拥有着常人难以企及的力量。新中国成立后，贾春英解甲归田，务农为生，自食其力支撑着家庭，至1984年离世。生前，她坚持不要个人待遇，不要国家抚恤，不吃政府救济，高风亮节令人起敬。“我能活下来，就是最好的待遇。”晚年的春姐总是如此说。当国家富强了，春姐却悄然离去，唯有这满身伤痕为她英雄的一生留下注释。

“一种精神能够在时间淘洗中日益增其光亮，不仅仅因为它牢牢印在历史深处，而且更因为它丝丝融入时代动脉。”正如序言所说的，“双枪”春姐的精神值得我们代代相传，这段革命精神也会被载入历史，永垂不朽，向春姐致敬！

黄石市广场路英才学校601班

柯欣淼

1940 年，潘涛率部在咸宁嘉鱼与

日寇激战五天五夜，壮烈牺牲

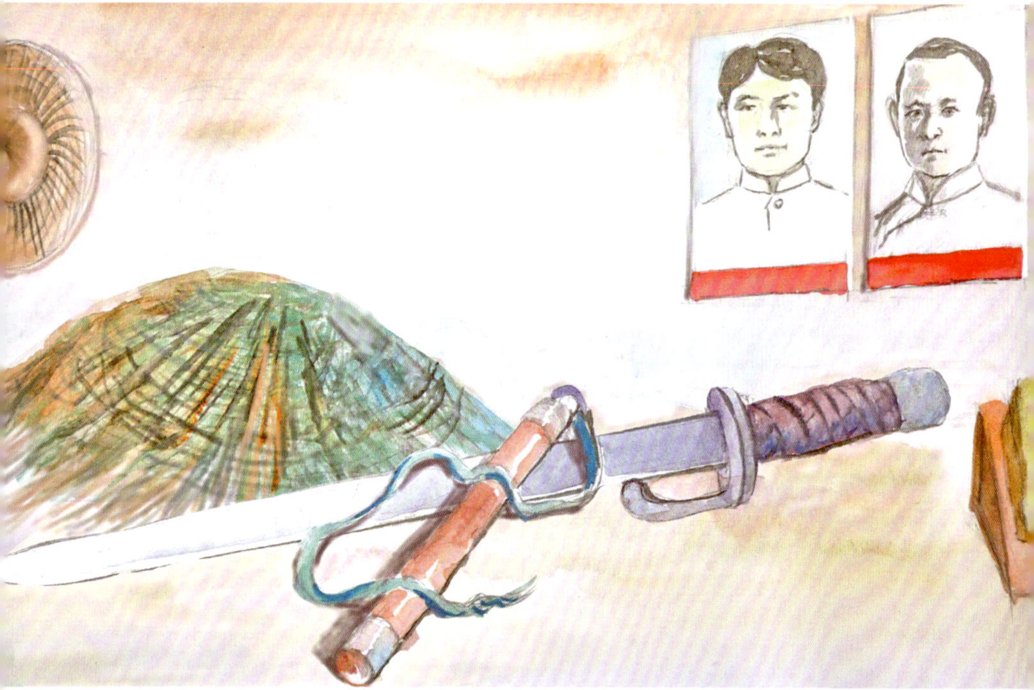

潘涛生前缴获的德国造军刀和贾春英革命时期使用过的马鞭

信念

《“双枪”春姐》这本书主要讲的是烈士贾春英义无反顾投入到革命中去的故事。早期的她只不过是一个贫苦家庭的女儿，家庭环境并不好，但是她胸怀大志，为了改变自己的命运、为了报效祖国，最终加入了中国共产党。她成立了女子游击队。不到一千人的队伍，未经过军事化训练，装备也很差，却打败了国民党的两个营，这是多么了不起的事！她还为党为人民做了不少好事，直到辞职归乡也没有向党提出任何要求，过着普通平淡的日子，直到她患上了食道癌，最终病死家中。

其中最让我记忆深刻的情节是，贾春英被捕入狱，未向国民党的刑具低头，她以自己的铮铮铁骨，顶住了狱卒们的拷问，没有透露任何情报。那么可怕的刑具，还有残忍的拷打，都没能使她低头，这又是为了什么呢？只是为一个坚定的信念，为广大贫苦人民不再被地主欺压，不被军阀统治，为的就是我们的幸福生活！

我怀着敬畏的心情读完了这本书，我钦佩革命烈士们的精神！他们都是普通人，可是他们都有一个伟大的心愿，那就是为人民服务，造福子孙后代，把侵略者通通赶出我们神圣的祖国！这种为自己想得少，为别人想得多的人，不正是应该被钦佩的英雄吗？幸福生活是来之不易的，多少先辈们抛头颅、洒热血，才换来了今天的美好生活啊！我们应当珍惜，应当向那些为我们流过血，为我们献出了自己生命的伟大先辈们致敬！

今天，我们的祖国依然不够富强，还有许多地方需要我们奋发图强。无数先烈们奉献青春与热血换来了新中国的和平与发展，使我们能幸福地生活着。如今，我们要做些什么呢？我们要向贾春英学习，学习她那种认定目标，勇往直前的大无畏精神。一个人有了坚定的信念，便会生出无穷的力量，即使遇到挫折、陷入困境，也能战胜自我渡过难关，最终走向成功。让我们一起努力吧！像贾春英奶奶一样，做一个为了信念而奋斗的人，为祖国的明天更富强而努力！

黄石市广场路英才学校601班

张奕为

谱写红色传奇

翻开这本墨香扑鼻、图文并茂的连环画，它丝丝入扣的情节让人觉得非一口气读完不可。贾春英如革命女侠般的身影深深地印入了我的脑海之中。

当年，贾春英跃马扬枪，名震湘鄂赣。15 岁加入红军；18 岁跃马扬枪，痛打反动统治者爪牙；20 岁深入敌军内部，侦察敌情；21 岁带兵打仗，所向披靡，组建千人女游击队；由于在狱中饱受折磨，37 岁已直不起腰杆的她，还率军参与过清匪反霸……72 岁，这位可敬的巾帼英雄与世长辞。

读完这本书后，我深受感动。“我都随时准备牺牲，革命就是要死人的！”春姐铿锵有力的话语震撼着我的心；“急赴前线杀敌，倭寇不除，国无宁日，谈何家全？”她丈夫潘涛的话也是一样的毅然决然。

贾春英——一位万千革命烈士的缩影。是她带领妇女认清自身的价值，参加革命，建功立业；是她带队员吃野菜充饥，也不曾动用一粒护送的粮食；是她受尽敌人的酷刑，也不肯开口投降；是她不顾家境贫寒，独自将烈士遗孤抚养成人；是她宁愿每天上山砍柴，也不肯领取红军抚养金，怕为祖国添负担……她把燎原火种播撒，把永恒的青春挥洒，才换来中国的和平年代。可谓“甘洒一腔热血，换得春回大地”！这样一位先辈，怎能不令我们敬佩！

传承是最好的缅怀，儿童是祖国的未来。“少年强，则中国强”，让我们努力学习，报效祖国，使中华鼎立于世界吧！我们的方向，就是祖国未来的方向，只有炎黄子孙世世代代发愤图强，我们才能长久地屹立于世界东方。

“生于忧患，而死于安乐”，虽然处在21世纪的和平年代中，但我们依然不能松懈斗志，否则“国必自伐”。朋友们，开始奋斗吧，祖国的命运线已经牵在我们的手中！

发愤图强，自强不息，“此新中国所以兴隆也”；不思进取，人人喻利，“此晚清所以倾颓也”。就让我们时刻准备着接下祖国的下一个接力棒，发扬前辈们的革命精神，谱写新的红色传奇吧！

黄石市广场路英才学校602班

冯禹超

今日认识了您

今日，有幸拜读了《“双枪”春姐》这本书，它是一本图文并茂的红色图书。由红色作家余玮编著、青年画家龙翔绘图，全面真实地记录了曾在湖北阳新木港镇工作生活的红军女英雄贾春英奶奶传奇的一生。

贾春英奶奶生于 1912 年，在那个重男轻女的封建社会里，出生 8 个月就被抱养做了童养媳，生活的困苦并没有压垮她。在偶然的机会中她认识了革命道路的领路人罗冠国，在他的帮助下，贾春英奶奶加入了中国共产党，那一年，她仅仅 15 岁。短短 3 年的锻炼，18 岁时，她在与敌人斗争中已经可以独当一面，当选为鄂东特委妇委书记。在敌人的疯狂“围剿”中，彭德怀多次让贾春英奶奶执行侦察任务：“你是女娃子，敢不敢去？”“不敢去，就配不上腰上的两支枪。”贾春英奶奶果断地回答。正是她的机智勇敢，身先士卒的表率精神，让她在一次又一次的任务中获得了胜利。经过长期的艰苦磨炼，在湘鄂赣地区，她跃马扬枪，威震一方，成为无人不知，无人不晓，让敌人闻风丧胆的“双枪”春姐。

天有不测风云。在1936年执行一次护送任务时，贾春英奶奶被叛徒出卖，受伤被捕，在敌人的酷刑折磨下，她始终坚贞不屈，直到国共合作时期才被释放。

在抗战胜利后，她因疾病所困，辞职回到故里，物资匮乏的年月里，和其他乡下妇女一样，穿着补丁衣服，靠卖柴、卖菜清贫度日，曾有亲戚提出要她向组织要些待遇和抚恤，被奶奶严词拒绝：“我能活下来，就是最好的待遇，不是为当官，不是为金钱。”

看到这里，我的心里久久不能平静，多么可亲可敬的贾春英奶奶呀！您是位平凡而又不简单的人。“黄沙百战穿金甲，不破楼兰终不还”，正是因为有像您这样千千万万的红军战士的抛头颅、洒热血，才有了我们现在的幸福生活。

相比您，我们有宽敞的教室，理应努力学习，可有时碰到“难题”，我们却懒得多动脑，临阵退缩。我们过着饭来张口、衣来伸手的生活，却有时还嫌饭菜味道不佳。

今日认识了您，我们是惭愧的。作为新中国的小学生，应该脚踏实地，从现在做起，为建设更加富强美丽的新中国时刻准备着。作为祖国的接班人，我们会将您无私奉献的精神发扬光大，立志为国家，为民族努力奋斗！

黄石市广场路英才学校 602 班

郑　直

跃马扬枪的贾春英

在今年秋季学期的家长会上，妈妈给我带回了一本《“双枪”春姐》，这是一本印刷包装都非常精美的连环画。我迫不及待地打开，几乎一口气就看完了。

《“双枪”春姐》讲述的是1912年，贾春英也就是“春姐”在陶港镇贾村出生后，在13岁那年因机缘巧合与罗冠国相遇，并投身到革命事业中的故事。贾春英在革命事业的发展上功不可没，还建立了一支女游击队。她与胡筠一起率领着女游击队，立下不少的功劳，还在平江消灭了两个营的敌人。在革命事业的相处下，贾春英与战士潘涛结成夫妻。在潘涛牺牲后，她与孩子独自生活在农村。在晚年的时候，贾春英为了不给组织添麻烦，过着普通百姓的生活。1984年，贾春英带着对丈夫潘涛的想念，离开了人世。

读完了这本书，我的心情难以用语言表达出来。总之就是心潮澎湃、思绪万千。

贾春英当年为革命献出的一切，都是我们无法想象的。按照革命资历和斗争经历，贾春英的晚年至少可以享受厅局级的待遇，甚至是部级的待遇。这种待遇在改革开放以前的那种困难的条件下，可是一个相当不低的好待遇，而贾春英晚年时期，却因怕给组织添麻烦而过着普通百姓的生活。在过去黑暗的社会里，人们无一不想要更好的生活。有的人甚至会不择手段地去得到，这些人与贾春英老人相比，其思想境界简直是天壤之别。贾春英老人参加革命，那才是真正为了我们的国家，为了人民。她看上去与其他的村民别无两样，但令大家伙儿没有想到的是，贾春英老人是革命里的女勇士。她为了把这种为国着想的精神传承下去，便从小给孙子潘平、孙女潘百灵灌输红色精神，讲述红色故事。

这本《“双枪”春姐》将一段不为人知的历史，以连环画的方式展现了出来，贾春英的事迹我会永远记在内心深处的。在此我也希望大家可以来读一读这本书，将贾春英的事迹传承下去。

黄石市广场路英才学校602班

向思睿

精神永存

我读过许许多多的书，如四大名著、《假如给我三天光明》《小王子》等，但是给我感触最深的是一本关于红色革命的书籍——《“双枪”春姐》。书中有英勇善战的贾春英、武艺高强的胡筠、革命分子罗冠国、不畏牺牲的潘涛、举世闻名的彭德怀总司令，还有潘涛的战友叶应万。

这本书讲述了贾春英由一个童养媳走上革命道路，并立下许多功绩，给革命的发展产生了巨大影响的事情。

贾春英出生在湖北省阳新县筠山脚下的一个贫困山村里，在当时重男轻女的社会里，出生仅 8 个月的她，就被姑妈倪氏抱走做了童养媳。4 岁起，她便经历了各种繁重家务和劳作之苦，肉体和精神上都饱受折磨。

在她 13 岁那一年，一天上山去砍柴、打猪草，临近傍晚时才背着沉重的柴草回家。突然间，天色暗了下来，电闪雷鸣，大雨从天空中倾泻而下，山路被雨水浇得十分湿滑，她一下子没站稳，顺着山路滑了下去，顿时磨破了一层皮，鲜血直往外流。她痛得不得了，可山上却又荒芜一人。她坐在泥土上，看看自己受伤的手和脚，艰难地试着爬起来，可是仍没有站起来。不远处，有一个打着黄油布伞，打扮如书生的人走了过来，此人正是罗冠国，他是一个革命知识分子，也是贾春英的表兄。见到自己的表妹受了伤，罗冠国连忙看了看伤势，十分心痛，背起小春英便往回走。

回到家里，罗冠国正责备姑妈不该让孩子干重活时，贾春英却出来劝说自己的表兄，说穷人家的孩子，就是吃苦的命。

罗冠国没想到，小小年纪的贾春英居然就认为是自己的命苦，这更促使他下定决心，让妹妹改变命运，走上革命之路。于是，她便向贾春英讲述了许多革命道理。最终，15 岁那年，贾春英加入了中国共产党。

贾春英加入到抗战队伍中，起到了很大的作用，她从小饱受人间之苦，因此意志更是顽强，在困难面前她总是临危不乱，其中最令我难忘的是她被捕入狱的情景。

那一年，由于敌人疯狂“围剿”，贾春英奉命转移物资，中途却突遭国民党埋伏，不幸被捕入狱。无论是敌人假惺惺地殷勤伺候，还是血淋淋地酷刑折磨，对于她来说却是徒劳无功，敌人竭尽全力，也未获得任何有价值的信息。就这样，她被关押了几个月。最后，国共两党宣布合作，她才被战友潘涛接回了组织。

而就是在这样的情况下，贾春英的爱情之花悄然绽放了，她与潘涛这两颗年轻的心越走越近，直到1938年两人结婚。不久，贾春英因有身孕而回到了潘家村，秘密为组织提供相关的情报工作。

不久之后，贾春英与潘涛的儿子呱呱坠地了，贾春英欣喜之余却收到了丈夫牺牲的消息，她十分伤心，自己的丈夫连孩子都未曾谋面就以身殉国了，这是多么悲伤的事情啊！

而潘涛牺牲之惨烈，更是让我肃然起敬。这年年初，潘涛的队伍向嘉鱼挺进。3月的时候，潘涛率游击队击毙多名日军，但夜里却遭到了对方的偷袭，游击队直至战到潘涛一人，最后他也不幸牺牲了。

贾春英接到了丈夫的遗物后，肝肠寸断，她独自将孩子抚养成人。到了晚年，潘家生活十分拮据，有的战友多次提出让贾春英找组织要些待遇和抚恤，但都被她一一回绝，她像普通人一样，日出而作，日落而归，靠卖菜、卖柴为生。唯一与众不同的是，由于腰杆被打折，每天都得弓着 90 度的腰上山砍柴。最后，老人患上了食道癌，粒米难进，骨瘦如柴。1984 年，这位曾经跃马扬枪、威震湘鄂赣的女英雄，带着对丈夫的怀念，带走了一生的传奇，平静离世了，享年 72 岁。

贾春英的孙子潘平为了继承奶奶的精神，四处寻访爷爷奶奶生活过的地方，共捐款数百万，用于革命遗迹的保护和修缮。他曾说："家富万贯过不了三代，但精神财富却可以世代相传。"

读完这本书，我的内心受到了极大的震撼，国家落后，民族不振，才会挨打；我们如今的幸福生活，是那些英勇的战士们用鲜血与生命换来的啊！

少年智，则国智，少年强，则国强；少年胜于欧洲，则国胜于欧洲，让我们努力学习，传承先辈遗德，长大后报效祖国吧！

黄石市广场路英才学校 602 班
刘锦颐

红色历史引我向前

今天，我看了一本连环画，这本连环画带我重温了那段红色历史，使我看到了战争，看到了革命时代，感慨万千，这本连环画名叫《“双枪”春姐》！

这本连环画主要讲述了出生在革命年代的贾春英，不向命运屈服，小小年纪投身到革命事业中，经历一次次革命战斗，并取得彭德怀的赞赏的故事。祖国富强后，她隐归乡里，晚年患病逝世。

读了这本连环画，我感慨万分。在革命年代，战士们有上顿没下顿，有时只能吃草根，啃树皮；战士们，枪林弹雨中穿梭，冒着生命危险上前线打仗，为的是我们百姓的安康幸福生活！可现在，国家是富强了，但有些孩子，不知现在生活的来之不易，吃饭，这不吃，那不吃，挑食又喜欢吃零食，他们殊不知革命烈士打仗时吃的是什么，殊不知现在的生活是多么的幸福；现在的孩了爱攀比，自己家多大，多豪华，自己的手机多好多贵，在革命年代，四五岁的孩子就干活，做家事。殊不知他们现在的幸福生活是革命烈士抛头颅、洒热血换来的。少年强，则国强，少年富，则国富啊！

这本连环画使我看到了贾春英的爱国、机智、勇敢、坚定，她有勇有谋的品质值得我学习，她誓死不屈、坚强的意志、肯吃苦的精神值得我敬佩。

这本连环画，使我感慨万千，我们要铭记这段红色历史，要知道我们今天的幸福生活来之不易，它是前辈们用鲜血换来的，我们应该感激前辈，把前辈留下的红色基因传承下去！

黄石市广场路英才学校602班

孔晓沁

红色致敬

回到家放下书包，拿出今天发的一本红色励志连环画《“双枪”春姐》，封面上一个英姿飒爽的女子好精神，双手拿着枪，腰间别着两个枪带，脚踏马镫，想必她就是这本连环画的主人公“双枪”春姐了吧。翻开书，我细细品读了一番。

当年，她跃马扬枪，名震湘鄂赣。新中国成立后，她归隐乡里，独自将烈士遗孤抚养成人。村民没有想到，这位看似平凡的农村老太太竟是中共早期党员、鄂东南特委常委、鄂东南妇女会主任。一段红色传奇开始复活，并在今天重新闪现出光芒……

贾春英有着一个苦难的童年。在重男轻女的封建社会里，当年出生仅 8 个月的贾春英就被阳新县潘桥石云村的姑妈倪氏抱做童养媳。1930 年，18 岁的贾春英任鄂东特委妇委书记，后又当选为鄂东妇女运动委员会主任。当年，敌人疯狂“围剿”时，彭德怀多次给贾春英安排侦察任务。为攻克修水，彭德怀曾命令贾春英赴当地建立秘密联络点，侦察敌人军事布置。彭德怀故意激将，说：“你个女娃子，敢不敢去？”贾春英果断做答：“谁说女子不如男！我保证完成任务！”后来，贾春英出色地完成任务，帮助红军攻克修水，因而获得彭德怀的夸奖。面对着轰轰烈烈的拥红高潮，贾春英常常对姐妹们说，不要小看自己是个女儿身，我们也同样可以到红军队伍中去建功立业。在她的积极努力下，一批青年男女走进红军队伍，成为苏区的有生力量。其丈夫潘涛在抗日战争时任新四军游击大队长，1940 年率部在咸宁嘉鱼与日寇激战五天五夜，壮烈牺牲。新中国成立后，贾春英解甲归田，务农为生，直至 1984 年离世。生前，她坚持不要个人待遇、不要国家抚恤，不吃政府救济，高风亮节令人起敬。

故事读完了，一股崇敬之情油然而生。我们没有经历过贾春英那样的困难，也没有为新中国奉献出什么。但我们也应该为中国、为人民做出贡献。现在我们不用奉献出自己年轻的生命，我们现在唯一能做的，只有好好学习，才能对得起像贾春英那些为革命事业、为我们现在的社会主义的美好生活付出努力的革命战士，他们为了中国的发展、为了人民的幸福而去上战场、打硬仗。想到他们的奉献精神，我们还有什么理由不好好学习，不为中国、为人民贡献自己的力量呢？我们每个人都应该像贾春英那样，拥有无私的爱国精神和奉献精神！

黄石市广场路英才学校 603 班

熊天怡

“双枪”永远闪耀

合上书，静静地靠在椅子上，脑海中满是那位手持双枪的女英雄的身影，枪上的红缨如两团永久炙热的火焰，在我心中熊熊地跳动……

《“双枪”春姐》是一本纪念阳新革命女杰贾春英的连环画。画风朴实，记录了贾春英一生的英雄事迹。

贾春英出生仅 8 个月就被抱去做童养媳，如此苦难的人生并没有让她灰心丧气，而是小小年纪就和表兄罗冠国一起识字谈心，学习革命道理。在 1927 年 3 月中旬的一个晚上，15 岁的贾春英和一帮年轻人在罗冠国的带领下，加入了中国共产党。当时的社会极度黑暗，女孩子们从小就被当作累赘，人们的心里都深深地印着男尊女卑的思想，然而小贾春英却勇敢地拒绝了这种观念，心中有着伟大的理想，并为之努力。

1930年，18岁的贾春英任鄂东特委妇委书记。她常鼓励女同胞们说，不要小看自己是女儿身，我们也同样可以到红军队伍中去建功立业，她也同样做到了。经过长期的艰苦磨炼，贾春英不仅在妇女运动方面成绩斐然，而且还以能征善战而闻名。在湘鄂赣地区，跃马扬枪，威震一方，与红军传奇女将胡筠并称湘鄂赣“双芙蓉”。在湘鄂赣苏区政府、红十六师指挥机关所在的湖南省平江县，至今流传着一首民谣：“上打咚咚鼓，下打鼓咚咚。两边齐打起，迎接‘双芙蓉’。”我想，在那个社会还未完全开放的年代，重男轻女思想是多么的严重，可是贾春英却无视这种旧社会的条条框框，带领着女性同胞们在红军队伍中撑出了一片天！

贾春英身上有一种我们要努力学习的不屈精神。1936年10月初，在护送一批物资返回平江黄金洞时，贾春英遭叛徒出卖，突遇国民党反动军队埋伏被掳。在狱中，无论是敌人假惺惺地殷勤伺候，还是血淋淋地酷刑折磨，都没有使贾春英屈服，她始终坚贞不屈。我想，那些叛徒就为了那么一点钱，为了换取自己的安身之地，甘愿出卖同胞，这是多么的不齿啊！我的心里，贾春英的形象更高大了。

现在有些人，缺乏一种贾春英式的不屈、顽强的精神。一味地懦弱，以自己为中心。如果大家都像贾春英一样，甘愿为大家，为更多的人去努力奉献，遇到困难不退缩，勇敢地去昂首面对，世界上就会少很多抱怨和尔虞我诈吧！

愿贾春英的“双枪”永远闪耀，愿世界上所有的革命英雄精神得以传承……

黄石市广场路英才学校603班

严知涵

深深地记在心底

一种精神能够在时间淘洗中日益增其光亮，不仅因为它牢牢印在历史深处，而且更因为它丝丝融入时代脉动。从历史中探索，你会发现在那长河中，就有这样一位拥有铿锵传奇的人物，她，就是贾春英。

在一次升旗活动中，学校发了一本书——《“双枪”春姐》，也正是这样的一个机会，让我了解到这位春姐的英勇顽强。

“你在那个如磐的黑夜，向灿烂的黎明出发……”贾春英出生在贫苦家庭，小时候的她有一个苦难的童年，认为自己命苦，却又改变不了命运。年仅 4 岁，就要经历繁重家务和劳作之苦。想想自己，在家里衣来伸手，饭来张口，每个孩子都是爸爸妈妈的小公主、小王子，4 岁的我们应该还在家里吃着大餐，穿着漂亮的衣裳。家长从来就没有让我们干过重活，怕我们受伤，吃不了苦头。哎！贾春英真命苦！可她却依然坚持着，为了大人们交代的任务能完成，为了自己以后的未来与前途，勇往直前！1925年春天的一个傍晚，贾春英如往常一样，上山砍柴、打猪草，突然，乌云席卷，狂风大作，电闪雷鸣，年少的贾春英惊呆了，可是为了自己的生存，只得冒雨前行，脚一滑，滚下了山坡。仿佛我与她心有灵犀，“啊！”地尖叫了一声。这时，一位书生模样的年轻人走来，他就是贾春英的表兄罗冠国。他背着贾春英直奔姑妈家，时不时还望一望贾春英。看着贾春英那瘦小的身子，似乎一阵风就能把她吹走。我的心不免有所触动，这么弱不禁风的一个孩子，她还那么小，为何要让她承担这一切呢？当贾春英醒来时，我心中的那一块石头终于落了下来。罗冠国引导贾春英，要她与自己的命运做斗争。当贾春英明白自己的前途和命运由自己掌握时，她坚决地拿起刀枪，投身到革命事业中。在革命长征的漫长岁月中，贾春英立下赫赫战功。我从没想到，一个女人也能在战场上奋勇杀敌。我们现在的孩子听到枪声、爆炸声等等，都怕得不得了，没有那个时候的人们顽强、勇敢，跟15岁就参军的贾春英相比，自愧不如啊！如果一个人没有一个强大的心灵，那就是一只待宰的羔羊，等着敌人来捉你。

在平常的日子中，贾春英常常对姐妹说，不要以为自己是个女儿身，我们同样也可以到红军中建功立业。许多人都在贾春英的引领下与红军并肩作战。可不幸的事就这样悄然来临，1936 年 10 月初，贾春英遭叛徒出卖，遇到敌人埋伏，身受重伤，被敌人带回了营地。贾春英昏迷了几天几夜后醒来，严酷的现实时刻考验着贾春英。无论是敌人的甜言蜜语，还是酷刑折磨，贾春英都秉着一颗坚贞不屈的心，誓死效忠中国共产党。春去秋来，贾春英已被关了几个月，在这几个月里，贾春英每天都过着地狱般的生活。我弱小的心灵在不住地颤抖，这样的酷刑伺候，我可忍受不住，要在当时，我会乖乖投降，成为世人眼中的叛徒、汉奸吧。可能也正因为贾春英这种宁死不屈的精神，她才会得到领导的认可、群众的爱戴。贾春英身上到处都是伤疤，她眉头紧锁、日益消瘦。她仿佛是在为自己担忧；仿佛是在想着民众正生活在水深火热之中，她该怎样做；又仿佛在想着红军的革命事业……我想：贾春英的心里应该是思绪万千吧！在她被囚禁这么久的时日中，她应该很想知道外面的状况吧。在贾春英走出监狱那一刻，终于重见天日了。过了一年，她与潘涛结了婚，有了身孕，于是组织让她回阳新工作。其间，潘涛书信一封，与妻作别，可谁知这一去竟成了永别。在这匆匆岁月中，贾春英不知流了多少泪，每每提到这件事，她都会潸然泪下……

日复一日，年复一年，贾春英已经快 60 岁了，每天佝偻着 90 度弯曲的腰上山干活，靠卖柴卖菜维持一家生计。看着她那孤独的背影，我心如刀割一般，鼻子酸酸的，眼泪就要夺眶而出了。她那平静的眼神如一池深深的潭水，望着它，我的心中又多一些安静。

到了晚年，贾春英患上了食道癌。病魔把这位跃马扬枪的女英雄折磨得骨瘦如柴。亲人们只能眼睁睁地看着她活活饿死，悲伤不已。

1984 年 3 月 18 日，老人就这样安静地离开了人世，带着对潘涛的思念，带走了一生的传奇。贾春英逝世以后，人们的心中充满了对她的怀念。

贾春英，您是中国人的骄傲；您是阳新人民的代表；您更是女同胞们的模范……您的精神在我们心中铭刻。虽然您不在世上了，但您那英勇的事迹将永驻人间，“双枪春姐”的名号也将长存。

《“双枪”春姐》虽然看完了，但您的事迹和精神我深深记在了心底……春姐，一路走好！我们会想念您的！

黄石市广场路英才学校 603 班

陈　可

一种信念深深打动着我

中国有一段红色的历史，那是用鲜血染红的历史，也是不可被改写的历史，许许多多的英雄被记在了那里。手掌间，《“双枪”春姐》熠熠生辉。这是一本红色经典，在书桌前静静品读，贾春英的高大形象跃然纸上，更激起了我爱国的火花。

贾春英 1912 年出生于阳新县陶港镇贾村一个贫困家庭，1927 年加入中国共产党，历任鄂东特委妇委书记、湘鄂赣省委巡视员等职，与红军时期著名女将胡筠并称湘鄂赣“双芙蓉”。其丈夫潘涛在抗日战争时任新四军游击大队长，1940 年，潘涛率部在咸宁嘉鱼与日寇激战五天五夜，壮烈牺牲。新中国成立后，贾春英解甲归田，务农为生，直至 1984 年离世。生前，她坚持不要个人待遇，不要国家抚恤，不吃政府救济，高风亮节令人起敬。

春姐，一位女共产党员，人虽瘦弱，意志却不瘦弱。与她一起为党奋斗的丈夫不幸牺牲，首级被敌人悬挂示众，面对这沉重的打击，春姐强忍痛苦，继续完成党交给的任务；被叛徒出卖后，面对敌人的严刑折磨，春姐坚强不屈。共产党员的意志是钢铁！多么可敬！多么可佩！心永远向着党，任何的痛苦在党面前都是微不足道的。

贾春英同无数革命先烈一样，用他们的青春和生命谱写了一曲壮丽的诗篇。那一个个革命英雄事迹，都是革命先辈为共产主义事业抛头颅、洒热血的真实写照，他们对共产主义信念的执着追求，都深深地打动了我；贾春英在对敌斗争中那种大无畏的精神，那种威武不屈、视死如归的革命英雄气概，深深地激励着我。我的热情总是不禁被点燃，我的热血也因此而沸腾，我真正领悟到了“为什么红旗那样红，烈士鲜血染红了它”那句话的含义，我的灵魂在那一刻又一次得到了净化和升华。

尽管我们的国家与发达国家相比还存在一些差距，但我们更应该看到新中国成立以来我们国家取得的成就，我国的成就可谓举世瞩目。我们的党一定会克服困难，带领我们中华民族从胜利走向胜利，我们的国家一定会在中国共产党的带领下走向繁荣、走向富强。我们的民族、我们的国家一定会以东方巨人的姿态屹立于世界。作为新时代的小学生，我一定要更加努力学习，永不懈怠，为先烈抛头颅、洒热血的举动作出回报，要更加珍惜我们现在的生活。贾春英的精神将促使我成为一个英勇坚强的人！促使我以更加饱满的热情投入到学习中去！让我更加坚定长大后成为为社会贡献自己力量的人。

黄石市广场路英才学校603班

崔恒宇

给我力量的“双枪”春姐

她在那一个如磐的黑夜，却向着灿烂的黎明出发；她在那一个闹红的岁月里，把那燎原的火种播撒在这个火红的年代；她是烽火硝烟中的一代英华，激励着我们勇往直前。她就是革命英雄——贾春英！

贾春英有一个苦难的童年，但她在表兄罗冠国的帮助下，踏上了革命的道路。就这样，她手持双枪，用自己的生命和鲜血去完成使命，立下不少大功。革命途中，一位名叫潘涛的青年进入了贾春英的视野，他们在这血与火中穿行，并肩作战，两颗年轻的心也因此越走越近。两人结婚后，队伍开拔时，潘涛书信一封，与妻作别，可没想到，这一去竟成了永别，以身殉国。贾春英也一生为国，从此将自己的一生与国家、民族、社会紧紧相连，谱写了一曲惊天地、泣鬼神的英雄乐章！

当我读到贾春英从小就开始经受繁重家务和劳作之苦，却毫不畏惧，勇敢地面对命运，与命运作斗争时，我不禁感叹这苦难犹如一块磨刀石，让这位向往和平的孩子饱受着肉体和精神上的折磨。假如我的生活像她一样，那我会怎么样呢？顿时我对贾春英奶奶的敬佩之情跃然纸上。记得那一次国民党军队路过离加义镇月光岩 10 余里地的沙坝，一路烧杀抢夺，群众苦不堪言。胡筠、贾春英带领女游击队埋伏在村边及村民房顶上，当敌人准备进村扰民的时候，突然传来了暴雨般的枪声，游击队将敌人全部歼灭。读到这儿，贾春英奶奶那不怕困难、机智勇敢的精神犹如一团熊熊火焰，那鲜艳的红色渲染了我的心，给了我力量，我也从中似乎懂得了一个道理，一个很深的道理……

贾春英奶奶为国家、为人民贡献毕生的力量，为了革命的事业，抛头颅、洒热血。她带领着红军战士长途跋涉在泥泞的路上，他们没有松懈，一生都在保卫祖国。

如今，贾春英奶奶那骑在马上，手持双枪，英勇杀敌的情节还浮现在我的眼前，那两把枪不再是普通的枪，因为在枪的上面，闪烁着耀眼的金色光芒。

黄石市广场路英才学校 603 班

李事成

在生活拮据的日子里，有人劝贾春英去找组织，

她总是坚决地予以拒绝

贾春英晚年像村里妇女一样日出而作，日落而歇，
不向组织提任何要求

传承红色基因

当年，她跃马扬枪，名震湘鄂赣。当年的红军战士晚年还记得她“双枪春姐”的雅号。新中国成立后，她隐归乡间，独自将烈士遗孤抚养成人。她是一位有着英雄事迹的女革命家，她就是贾春英。

阅读了《“双枪”春姐》连环画后，我久久不能忘怀。贾春英出生在一个贫苦的家庭，8 个月大被人抱养做童养媳，她自小就经历繁重家务和劳作之苦，肉体和精神饱受煎熬，但她明白，在这样的社会里，为了自己的生存，她只能这样做，她也知道自己不是富家娇小姐，就是吃苦的命。看到这时，我不禁敬佩起童年的贾春英，因为她小小年纪为了做好大人吩咐的事情，为了自己的生存，经受了不少的磨难，这点也让他的表兄罗冠国吃惊了。最后她加入了中国共产党，她那张骑在马背上，双手拿枪，背后战火浓烟，脸上神情却坚毅不屈的图片让我看了又看，我被她的英姿所吸引。我当时就在想，在这枪林弹雨的情况下，贾春英骑上马背，为了保卫家园、保护人民，冲向敌人的情景多么震撼人心！她那勇往直前、不畏艰险、视死如归的精神让我不由地打心底里敬佩她、尊重她。我感受到了她那宁死不屈的，为了国家浴血奋战的心。可是有一天，她遭到了叛徒的出卖，但在牢中，不论是敌人假惺惺地殷勤伺候，还是血淋淋地酷刑折磨，都没有使她屈服。我知道，这对于一个从小饱受人间疾苦，并具有坚强意志的贾春英来说是徒劳的！

终于在 1937 年年底的一天，贾春英等人被释放。她也接受了潘涛的爱，在一次次的并肩作战中，潘涛英勇杀敌，给贾春英留下深刻印象，终于她与潘涛正式结婚，并在 1939 年有了身孕。但却在孩子还未出世的时候，潘涛走了，以身殉国，刚得到的来之不易的幸福转眼又离开了。我觉得这对一个经历了这么多战争和疾苦的女人来说，是十分痛苦和悲伤的。但是她很快又振作起来，反而安慰起了自己的公公："那么多革命战士都牺牲了，你儿子就不能牺牲吗？我都准备随时牺牲，革命就是要死人的！"我大吃一惊，可见贾春英当时是忍住了心里多大的悲痛才说出了这样的话，这让我感动了，深深地重新了解她。她不是一个因感情而做事的女人，她的丈夫牺牲，她也能理解，这就是革命战士的命！为国而战，应为国而死；为民而战，应为民而死。所有的革命战士都是这样的，但她内心中的最深处，还是有着对丈夫无比的怀念和思念之情的。

新中国成立后，贾春英解甲归田，务农为生，直至1984年离世。生前，她坚持不要个人待遇，不要国家抚恤，不吃政府救济，高风亮节让人起敬！

我们应该知道，幸福生活是来之不易的！我们今天的幸福生活是先辈们用鲜血换来的，我们应该感激先辈，应把先辈们留下来的红色基因传承下去。革命先辈“黄沙百战穿金甲，不破楼兰终不还”的精神永存，我们也要记住他们，这些为国而亡的英雄们！

黄石市广场路英才学校604班

李　妍

红色铿锵传奇

记得学校刚把这本书送过来，我第一眼看到它，心就好像被它捉了进去，莫名其妙地喜欢上了它。我翻开它，去体味它的情趣，去寻找它的精华，去挖掘它的“宝藏”，去结识故事中的主人公。

1912 年 12 月 29 日，一位传奇英雄就此诞生，她就是春姐——贾春英。在表哥罗冠国的悉心教导下，贾春英明白了自己的前途和命运，她心中的那盏灯被点亮了，毅然决然地扯掉裹脚布，扛起了刀枪。贾春英小小年纪就学会了骑马，还学会了双手持枪射击，在她的革命生涯中，生与死的界限常常就在一线之间。贾春英身先士卒，与各县政府的工作人员一道深入到控制的各个乡村。在轰轰烈烈的拥红热潮中，贾春英常常激励着姐妹们，虽是女儿身，但同样也可以去建功立业。贾春英他们攻克了许多地方，被敌人视为肉中刺，叫她“土匪婆子”。最终在1936年年初，在护送一批物资返回平江黄金洞时，贾春英惨遭叛徒出卖，因受重伤被捕。直到1937年年底，贾春英才被释放，同时他接受了前来迎接她的潘涛的爱。1940年年初，潘涛在咸宁与日寇搏斗时以身殉职。丈夫的牺牲无疑给贾春英以巨大的打击，但她立誓要把孩了抚养成人。晚年，这位可敬的老人仍是日出而作，日落而歇，默默无闻地生活着。但病魔终将这位曾经跃马扬枪、威震湘赣鄂、身体健硕的女英雄折磨致死。

如果《“双枪”春姐》中那精彩的“金水河之战”让人惊心动魄，扣人心弦，那么“巧夺修水”就更让我佩服了。在敌人严密的提防下，贾春英在当地建立秘密联络点，侦察敌人军事布置，这在当时可是一件不可思议的事。瞒过了敌人，不费吹灰之力就攻克了修水，不得不让彭德怀刮目相看。细细思量，这与我们的学习和生活不一样吗？凡事都要动动脑子，这样才能把事情做得更好，还能起到事半功倍的效果。有一次，家里来客人，妈妈让我给客人沏茶，沏茶就要烧开水，清洗杯子，以及分放茶叶。烧开水约十分钟，洗杯子约三分钟，分放茶叶约两分钟，这样一来，总共就要花将近十五分钟。可我灵机一动想出了一条妙计：在烧开水的同时，洗杯子，分放茶叶，等水烧开后，其余两项工作早已完成了。这样一来，我不仅节约了时间，还让客人在短时间里感受到了主人的热情。做事情不仅要有春姐的“识”，还要有她的“胆”。记得有一次我在外面上补习班，课间休息了一会儿。旁边有几个栏杆，同学们个个精神抖擞、生龙活虎，就像猴子一样一跃而过。轮到我了，生怕摔跤的我急得额头直冒汗，动作变得缩手缩脚，最后落得个“嘴啃泥”的下场。我顿时没了兴趣，但我在几乎没有旁人的情况下，大胆地又重试了一次，这次终于成功了！漂亮的动作博得了同学们的齐声叫好。唉，没有胆量真不行啊！

传承是最好的缅怀。儿童是祖国的花朵，也是共产主义的接班人。先辈贾春英给我们留下的是什么？名字吗？不！那是一种为革命事业奋斗一生的顽强斗争精神，一种令人敬佩的革命乐观主义态度。让我们这些后辈把它传承下去吧！

黄石市广场路英才学校604班

张弘鸣

传奇背后的精神

当年，她跃马扬枪，名震湘鄂赣。当年的红军战士晚年还记得“双枪春姐”的雅号。她，是谁呢？原来就是革命英烈贾春英。

当我无意中翻开《“双枪”春姐》这本书，便被那彩色插图和优美的文字吸引了，仿佛那位骁勇善战的春姐就站在我的面前。贾春英从4岁起，就开始经历繁重的家务和劳作之苦，在精神上饱受煎熬。但在1925年，她的人生改变了。贾春英在砍柴时不小心滚落山坡，被表兄罗冠国救下，从此她知道了为什么乡亲们这么穷苦，为什么总有人在乞讨。当明白自己前途和命运时，她毅然决然地扯掉了裹脚布，拿起了刀枪，踏上革命之旅。十六七岁的贾春英不仅铸就了骑马、武术等巾帼英雄的铮铮铁骨，还能灵活机智地和敌人作斗争。她曾在当地建立起农会、妇救会，用大刀长矛组建农民自卫队，这给民众们留下了很深的印象。群众都称赞贾春英是“美丽的女侠”。1930年7月27日，红军攻克长沙，贾春英率领妇女同志在战争中起到了独特的作用。1932年6月，为攻克修水，彭德怀命令贾春英赴当地建立秘密联络点，侦察敌人军事布置。很快，贾春英出色地完成了任务，彭德怀高高亮起大拇指为她的智勇点赞。在湘鄂赣边区工农兵大会上，贾春英常常呼吁女人不再裹足，实现男女平等、婚姻自由，鼓励大家参加革命建功立业。1935年，由于湘鄂赣省委与中央联系的电台被打坏，无法得到中央最新指示。艰苦的环境时刻考验着贾春英和每一位红军指战员。个子高大的贾春英因为会带兵打仗送情报，被共事的同志爱称为“春姐”。在艰苦的革命斗争中，贾春英结识了老乡潘涛，两人成为了生死相依的战友。1936年10月初，护送物资时，贾春英遭叛徒出卖被捕。在监狱里，无论是敌人假惺惺地伺候，还是血淋淋地酷刑都没有使她屈服。1937年年底，贾春英被释放，经历了磨砺之后，她接受了潘涛的爱。潘涛在抗日时，留下书信一封，英勇殉国。在这之后，贾春英隐归山村，晚年患上了食道癌。1984年3月18日，她带走了一生的传奇，享年72岁。读到这，我不禁热泪盈眶，“双枪”春姐贾春英将自己的一生奉献给了革命，从未向组织提过任何要求，始终不要国家抚恤，不吃政府救济，她到底是怎样扛过来的？

贾春英，一位传奇的人物，她所留下的精神正是我们所需要的。江山来之不易！革命烈士永垂不朽！我们今天幸福的生活，都是先辈们的鲜血换来的，我们应该感激先辈，把先辈留下的红色基因传承下去。作为祖国之栋梁，我们要继承和弘扬革命英雄主义精神，正视困难，勇于创新，直到胜利！

黄石市广场路英才学校604班

杨紫睿

永远的精神

疾驰的骏马，铁血的双枪，英勇、无畏的热血女战士，这都是革命女英雄贾春英给我留下的印象。自从读了红色连环画《“双枪”春姐》之后，我颇有感受。

《“双枪”春姐》全面真实地记录了“双枪”春姐贾春英的铿锵传奇及其丈夫潘涛抗击日寇的悲壮人生，书写了一位革命女战士一生的传奇故事。读完了这本连环画，我觉得贾春英是一个智慧、勇敢、坚强，为革命事业着想的人。“智慧”我是从贾春英“智斗保安团”和“巧藏情报员”看出的。“智斗保安团”记录了贾春英用黄泥抹脸，让汪敏装病而巧妙躲过了保安团的搜查；“巧藏情报员”是她在家里与情报员曹栓增接头时，突遇国民党军搜查。贾春英急中生智，将曹栓增藏匿在柴房草堆中，自己与国民党军机智地周旋的故事。“勇敢”主要表现在“反抗卧底”等经历中。有一次，春姐在执行任务的时候遭叛徒出卖，她没有束手就擒，而是拼死反抗，可惜最后还是被抓捕入狱。“坚强”我是从“在狱中不愿屈服”及“教训”公公中体会到的。贾春英被抓入狱后，面对严刑拷打不屈不挠，还与同被关押的姐妹唱红色歌曲。而“教训”公公是她在得知丈夫死后，对公公的安慰及教育：革命就是要死人的。而为革命事业着想则表现在她宁愿自己受苦，也不愿找组织沾福气。

正是因为有了像“双枪”春姐那样的共产党员们，我们才能过上幸福的生活。所以，我们要把先辈们的革命精神世世代代地传承发扬下去。

黄石市广场路英才学校 604 班

吴天乐

红色基因代代传

我们从小在长辈们的故事中长大，其中关于共产党员等革命英雄的故事，我们耳熟能详。在小学六年级学习期间，我捧读了《“双枪”春姐》这本有关红色革命的励志连环画。书中主要写了在重男轻女的封建社会里，以贾春英为代表的革命工作者与国民党反动派及日本侵略者作斗争的故事。

故事中贾春英与胡筠结为好友，而且还以能征善战而闻名。在湘鄂赣地区跃马扬枪，威震一方，并称“双芙蓉”。最后胡筠被诬为“AB 团”分子，以“反革命”的罪名被秘密杀害。贾春英的丈夫潘涛在与日军斗争中英勇杀敌，最后壮烈牺牲。令我印象最深的还是自食其力、勇敢聪慧、英勇杀敌的贾春英。她 13 岁就开始为民族的独立、人民的幸福奔波征战，她经历了土地革命战争整整10年的残酷斗争，见证了湘鄂赣苏区从最初创建到最后游击战争的全过程。正因为有了许许多多像贾春英这样的革命工作者，坚持不懈地努力才换来了新中国的成立。新中国成立后她独自回到了家乡，从没享受过红军失散人员待遇，从未向组织提出任何要求，始终坚持不要国家抚恤，不吃政府救济，自食其力支撑家庭。她这种爱国的精神值得我们每一个人学习。

我们今天的幸福生活是先辈们用鲜血换来的，我们应该感激先辈，应把先辈留下的红色基因传承下去。

黄石市广场路英才学校604班

邓张弛

心中的明灯

烽烟四起，战火纷飞，一位巾帼英雄，手持双枪，脚跨骏马，腾空而起，眉宇间凝聚着刚强和坚毅……手捧《“双枪”春姐》画册，封面女子勇敢无畏的英姿深深地刻在了我们的脑海中。她就是中共早期党员、鄂东特委妇委书记，她有一个响亮的名字叫贾春英。青山不老，绿水无忧，她用青春和生命谱写了一曲壮丽的诗篇，她和无数革命先烈用鲜血和生命换来了我们今天的安宁和幸福，我们永远不会忘记，她是我们心中那盏永不熄灭的明灯！

“美丽的女侠”，我们赞扬您

您出生在一个贫苦的家庭，苦难磨炼了您的意志。1927 年 3 月中旬的那一个不寻常的夜晚，您毅然决定扯掉裹脚布，拿起刀枪，去争取自己想要的生活，就在那一天，您成为了一名光荣的共产党员，那一年您才 15 岁。土地革命时期，您经常带着助手外出执行任务，所到之处积极主动地走入群众当中，拉近和群众之间的距离，为以后进入江西和湖南山区工作奠定了坚实的基础。犹记得那次在田家庄召开群众大会，您从高台上飞身跃下的身影，犹如一道闪电从天而降，将破坏者按倒在地不能动弹，您飒爽的英姿震撼了在场的所有群众。不久，您在当地建立起农会、妇救会，用大刀长矛组建了农民自卫队，并集结自卫队收缴了当地保丁的枪支，武装了赤卫队。在当地群众中产生了极大的影响，得到了群众的广泛称赞。

“美丽的女侠”，当您意识到自己的前途和命运应该掌握在自己手中时，您毅然拿起了武器，加入到群众当中，带领着大家去改变现状，创造新生活。在您的身上洋溢着强烈的爱国主义情怀，您始终把个人的命运与国家、民族、社会紧紧相连，您人小志高，气盖山河，您美丽的身影已经牢牢地刻在我们的脑海里。

我们是新一代的接班人，身上肩负着建设国家的重任，今天我们坐在宽敞明亮的教室里，手捧着《“双枪”春姐》，百感交集。我们应该以您为榜样，“非学无以广才，非志无以成学”，从小就要树立远大的目标，热爱祖国，努力学习，坚持奋斗，用我们的双手去创造属于我们的蓝天。“美丽的女侠”，您如一盏明灯为我们带来光明，我们由衷地赞扬您！

“双枪”春姐，我们敬佩您

在硝烟弥漫的战场，生与死的界限常常就在一线之间，您——“双枪”春姐小小年纪就学得一身好本领，跃马扬枪，威震一方，驰骋于敌人的封锁线间，多次顺利地完成任务。“平江秋收暴动”“智取修水”“巧夺平江”……无不留下您英勇的身姿，记录下您赫赫的战功。在湘鄂赣地区，您英勇善战，您的威名让敌人听了闻风丧胆，您的身影让敌人见了胆战心惊。巾帼不让须眉，您和胡筠组织的一支女游击队在加义镇附近的沙坝上把国民党军队打得落花流水、片甲不留，成千上万的群众敲锣打鼓、燃放鞭炮，为你们送上“盛开的双芙蓉”的美名。即使是被叛徒出卖被捕狱中，您面对敌人的酷刑毅然守口如瓶，坚贞不屈；即使在战场上失去了最挚爱的丈夫，您忍受着身心的剧痛依然为革命事业完成地下情报工作，帮组织渡过了一个个难关，完成了一项项任务。

“双枪”春姐，您的英名让敌人恨之入骨，却令我们肃然起敬。抬起头仰望这美丽的天空，想想如今的幸福生活，那些风风雨雨的日子里到处都是您战斗的身影，是你们带给了我们今天的安宁和平。跟您相比我们是如此的渺小，有些同学对待学习马马虎虎，遇到一点困难就畏惧退缩，看到一些挫折就望而却步，您的事迹犹如给我们注射了一剂强心针，给予我们力量，催我们上进。我们一定沿着您的足迹，继承和发扬革命的优良传统，为家乡的建设、祖国的富强，努力学习，奋发向上，做一个合格的少先队员，为共产主义事业奋斗终生！您捧着一颗赤诚的心，对待人民，犹如寒冬中的一轮红日。须臾间穿过那灰暗的大地，浸入群众的思想深处，温暖了群众的心灵。您如一盏明灯，红、橙、黄是您的投影，是您的光辉，让我们永远铭记在心中，“双枪”春姐，我们深深地敬佩您！

“一位杰出的革命女性”，我们学习您

新中国成立后，您弃职归田，隐居故里。您如一般农村妇女一样日出而作，日落而歇。连您最至亲的孩子都不曾知道，在您温柔慈爱的背后，竟隐藏着如此传奇的经历。30多年里，您坚持不要抚恤，不吃组织救济，自食其力地照顾家人，从未向组织邀功、提出过任何要求。

您曾经告诉家人："我能活下来，就是享受着最好的待遇。像那些战争中牺牲甚至家破人亡的烈士，向谁要待遇？"这是您最质朴的话语，就这样，您在阳新县陶港镇潘彦村一间普通民宅中走完传奇的一生。

您是"一位杰出的革命女性"，对您的敬意我不知道该怎样用我拙笨的言语来表达，您对党和人民无限忠诚，在革命斗争和工作实践中成长起来，默默无闻、毫无所求。再看看身边的我们，有的同学有了一点成绩就沾沾自喜，为了一己私利就和别的同学大打出手；生活中还有那些闹待遇的、提要求的大人们，那些如过街老鼠人人喊打的贪腐分子，其思想境界简直是天壤之别了。您全心全意为人民服务的公仆精神，是值得我们每个人缅怀和学习的。您如一盏明灯为我们导航，贾春英，"一位杰出的革命女性"，我们忠心地学习您！

您的革命事迹是鄂东南、湘鄂赣老一辈革命者的光荣代表；您的革命精神是苏区精神的光荣代表；您坚持不要抚恤救济的高风亮节是有崇高精神境界的中国共产党人的光荣代表。我们赞您，敬您，学习您，没有您和无数革命先烈抛头颅、洒热血的革命精神，哪能有我们今天国泰民安的幸福安宁生活。在您的身上我们学到了立志、坚持，学到了在困难面前不低头，学到了在成绩面前不邀功，不自诩……在当前这个繁荣昌盛的时代，我们青少年仍然没有忘记自己的责任，您如我们心中的那一盏明灯，指引着我们前行的方向，我们将用自己满腔的热血，继承先烈的遗志，努力学习，为创造更灿烂的明天贡献自己的微薄之力！

黄石市广场路英才学校605班

刘宇嘉

拿起新“双枪”

辽阔的天空拦不住蒙蒙细雨，雨，飘飘洒洒地落向大地。那几十条红黑交替的队伍缓缓行进而来，脚步声融入细雨细腻的音乐声中，有一种让人惊讶的和谐。脚步声中，一个方阵渐渐形成，足足有 800 多人，一律身着红灰相间的衣服，多么庄重！这是一个捐书活动，我们黄石市广场路英才学校四、五、六年级 800 多人就是来接受捐赠书籍的。

这是一本连环画，名为《“双枪”春姐》，讲述了一名革命女战士一生的经历。1912 年，主人公贾春英出生在一个贫苦的农民家庭，在封建社会重男轻女思想的影响下，她“收获”了一个苦难的童年。1925 年对贾春英来说是一个大的转折，在一次失足滚落山坡的事故中，她遇见了她的表哥罗冠国，她得到了救治，精神也得到了救赎，明白这一切都是因为政府腐败无能，社会黑暗贫苦造成的，大众在这种环境下几乎无法生存。

1927年，贾春英加入了中国共产党。这时，她只有15岁。贾春英没有读过书，但她聪慧好学，具有独特的语言天赋。她开始学习各地方言，这为将来的工作奠定了基础。她还学习骑马、射击，参加了红军攻克长沙的第二次战役，并担任了鄂东南特委常委。贾春英参加了数次战役，但后来因被叛徒出卖入狱。出狱后不久，贾春英与潘涛结婚，可没多久潘涛就牺牲在了战场上，连尸体也未留下。贾春英并未放弃，她继续为党从事地下工作。晚年，这位可敬的老人像村里的妇女一样日出而作，日落而歇，默默无闻地生活着，从未向组织伸手要钱，而是自食其力养家糊口。无奈，由于病魔缠身，1984年，贾春英病逝。

这是一段多么伟大的人生啊！她为了民族与人民奔波征战，却在祖国逐渐繁荣富强之时逝世；她为了革命受尽苦难，却未曾享受国家富裕后的幸福生活。可以说，她就是为了中国革命而来，革命结束了，她就走了。她没有向党要什么东西，却将一生奉献给了党。除了她，那时的中国还涌现出很多其他的英雄，正是他们用生命铺筑了我们如今的幸福生活。

现今，我们的日子好过了，但中国的改革事业还在继续，伟大的改革还未完成。人民的素质还需要提高，个人的自私心理必须消除。如今，有些人似乎没有意识到自己的过错，仍然在炫耀着金钱、名誉，这无异于是在浪费时间。他们在炫耀自己富有的同时，透露出了精神的贫穷。不少年轻人赶着“潮流”，为此花费了大量的财力物力，但是人们很少去纠正他们的过错，一些年轻人甚至以为这样做是正确的。如今在班上，炫耀自己家里有钱，爸爸妈妈做生意成功的同学越来越多，可是炫富是多么的庸俗啊！它不应该出现在我们本应该是互相帮助、认真学习的校园里。拿爸爸妈妈挣回来的钱取代我们自己的努力成果，却总有同学羡慕那些有钱人，更是助长了那些喜欢炫耀的同学的自负、骄傲。我们还发现，有些同学学会了虚伪，他们为了自己的利益（类似于可以抄别人的作业）去和别人交朋友。这一切必须改变，我们必须完成心灵的升华。

我们的改革还在继续，放下枪，拿起笔，你会发现还有许多需要做的事情。学习革命前辈的精神，用他们的精神去完成伟大的事业。我想对这些英雄们保证：请放心，你们让未来之花长出了花苞，我们会努力让它开放，绽放得耀眼夺目。

黄石市广场路英才学校605班
沈安漪

时刻为祖国准备着

前些日子，学校来了一位烈士的后代——潘平，为我们讲述了一位英雄的故事，同时现场为每一位学生捐献了一本书——《“双枪”春姐》。让我知道了在我的家乡阳新有一位和“双枪老太婆”一样的英雄人物——贾春英奶奶，我怀着无比自豪和崇敬的心情细细品读着这本连环画。被书中诸多画面所感动，选取一二，和大家一起分享。

首先让我们随着连环画回到“双芙蓉”痛打国民党反动派的时段。当年，作为支队长的贾春英和政委胡筠，不仅自身身怀绝技，还培养了一支近千人的女游击队。有一次国民党军队，在平江黄金洞扑空后路过离加义镇月光岩10余里地的沙坝，一路烧杀抢掠，群众苦不堪言。胡筠和贾春英得知后调动这支女游击队，提前埋伏，在敌人进村扰民时，一举将两个营的敌人全部歼灭，大振我红色根据地的军威。

极具领导能力和作战指挥才能的她们骁勇善战，深得民心，为后人所传颂。有当地民谣为证：“上打咚咚鼓，下打鼓咚咚。两边齐打起，迎接‘双芙蓉’”。我们要做一名热爱国家、热爱人民的智慧少年，为长大后报效国家打下坚实的基础。

接着我们一起来缅怀贾春英奶奶的丈夫——潘涛爷爷！抗日英雄潘涛同志，作为贾春英奶奶的丈夫，在抗日期间，曾经在家乡�山短暂驻扎，此时妻子有孕在身，与亲人近在咫尺，为了国家大义，他以革命为重，过家门而不入，仅留下一封书信，就投入到新的战场。潘涛爷爷在越过金水河向嘉鱼挺进后，与日寇激战五天五夜，献出了自己宝贵的生命，牺牲时仅仅 28 岁。

老一辈革命家，就是这样为国家舍小家，以大无畏的牺牲精神换来了抗日和革命的胜利。今天的我们能够坐在宽敞明亮的教室里学习知识，都是革命先烈们用鲜血拼来的，我们不可有丝毫懈怠。我们不仅要认真学习科技知识，还要用社会主义核心价值观武装自己的大脑，做一名思想坚定、学习优秀的健康学子。

想当年，她跃马扬枪，名震湘鄂赣。“双枪春姐”的雅号，一些老红军战士晚年还记得。

新中国成立后，贾奶奶归隐乡里，独自将烈士遗孤抚养成人。她未曾向组织提出任何要求，始终坚持不要国家抚恤，不吃政府救济，日出而作，日落而歇，自食其力支撑着家庭。村民没有想到，这位看似平凡的农村老太太竟是一位和彭德怀元帅一起战斗过的英雄。我们要向贾奶奶学习，学习她为了国家只讲奉献、不求索取、大公无私的品质。

“缅怀巾帼英雄，奋力振兴中华。”这是全国人大常委会原副委员长彭佩云题词缅怀贾春英奶奶的一句话，更是对我们当代少年的勉励。今天，“天宫”里航天员可以自在遨游，南海上我们建起了永不沉没的航空母舰，奥运赛场上体育健儿摘金夺银，强大的祖国令幸福的我们不需要再像她一样征战沙场，但我们应该像她一样热爱自己的国家，时刻准备着为祖国奋斗，用自己认真学到的知识来报效祖国，为实现中华民族伟大复兴的中国梦而贡献自己全部的力量。

黄石市广场路英才学校 605 班

程　越

有一种精神叫革命精神

依然清晰地记得：那天，下着蒙蒙细雨，我，翻开了一本名曰《“双枪”春姐》的连环画。我的情绪也随着书中的一行行黑色宋体字以及书中的图画忽起忽落……

主人公“双枪”春姐的铿锵传奇及其丈夫潘涛抗击日寇的悲壮人生至今令我深深地感动着：当年，贾春英跃马扬枪，名震湘鄂赣。“双枪春姐”的雅号，一些老红军战士晚年依旧记忆深刻。新中国成立后，她归隐乡里，独自将烈士遗孤抚养成人。村民们都没有想到，这位看似平凡的农村老太太竟是中共早期党员、鄂东南特委常委、鄂东南妇女会主任、湘鄂赣省委巡视员，而她的丈夫潘涛也在1940年对日作战中壮烈牺牲。

最令我震惊的，就是贾春英被捕的那一段了——

因为叛徒的叛变以及告密，“双枪”春姐贾春英受重伤被捕。在狱中，她每天过着地狱般的生活，严酷的现实时时刻刻考验着这位年轻的共产党员。无论是敌人假惺惺地殷勤伺候，还是血淋淋地酷刑折磨，都没有使贾春英屈服，她始终坚贞不屈……我被这样一位女英雄的气概深深打动了。多么伟大的革命战士！为了共产主义的目标，她早把个人生死抛到了九霄云外，她为了党、为了人民付出了一切！

不仅仅只有她，还有像潘涛这样的烈士们，富贵不淫，贫贱不移，威武不屈，个个都是钢铁汉，他们的精神惊天地、泣鬼神！

他们这样无怨无悔地忘我牺牲是为什么？我深深地思考着，突然想到战士们豪壮的诗句：“为了中国，我愿意把这牢底坐穿！”“战士们的坟墓比奴隶的天堂更明亮！”想到了李大钊那句“吾愿吾亲爱之青年，生于青春、死于青春！”……嗯！我明白了！革命先烈们用鲜血以及生命换来了我们今日的幸福生活，也换来了新中国！战士们的每一首诗、每一句话都深深地震撼着我们炎黄子孙炽热的心……然而，我们难道不应该把这种坚持不懈、顽强拼搏的精神带到生活学习中去吗？

一种精神能够在时间淘洗中日益增其光亮，这种精神叫革命精神！

黄石市广场路英才学校605班
罗上娴

难得的红色礼物

2016年的秋天，秋高气爽。就在这样一个美丽而又凉爽的秋天里，我们广场路英才学校的四、五、六年级收到了一份不同寻常的礼物——《“双枪”春姐》连环画。这本书是由红色作家余玮编著、青年画家龙翔绘图，团结出版社出版的。

在我刚拿到这本书的时候，就已经被深深地震撼了：竟然是这么厚重的一本大书！只见封面印着“双枪”春姐骑在一匹腾空而起的骏马上，手里还拿着一把手枪……我迫不及待地打开这本书，想要立刻了解这本书的内容。

这本书记叙了拥有“双枪”春姐美誉的贾春英的铿锵传奇及与其丈夫潘涛合力抗击日寇的悲壮人生，是青少年接受革命传统教育的力作。

《“双枪”春姐》这本书刚开始吸引我的或许是封面，但当我细细品味书中美丽的语言后，我发现这本书最吸引我的莫过于贾春英告诉潘平的太爷爷自己随时准备牺牲的部分：潘平说，“爷爷牺牲后，战友将他生前用的物品交给太爷爷，唯一的儿子牺牲了，我太爷爷伤心得不得了，每天天没亮就蹲在茅房里抹眼泪。我奶奶知道了，‘教训’他：那么多革命战士都牺牲了，你儿子就不能牺牲啊，我都准备随时牺牲，革命就是要死人的！吓得太爷爷以后都不敢哭了。”

这一段潘平的转述表现了贾春英忠于共产党，忠于革命，愿意为革命献出自己的一切包括生命的美好品质。

历史的记载告诉我们，有多少革命烈士抛头颅、洒热血献出了宝贵的生命……是啊，没有革命先辈同敌人不屈不挠的战斗，哪有我们现在自由幸福的生活？没有他们的牺牲，哪有我们这一代人幸福的生活？作为一个生活在幸福年代的孩子，我们应该珍惜这来之不易的生活，好好学习，掌握知识，长大后为祖国做出自己的一份贡献！

黄石市广场路英才学校605班

万奕涵

牢记使命

《“双枪”春姐》这本连环画一进入我的视线就吸引住了我：这位春姐是谁？为什么拿起了双枪？又是谁鼓舞了她？带着这些疑问，我翻开了这本书。

这本连环画并不算厚，却使一段红色传奇复活了，使更多人了解了春姐贾春英。贾春英8个月大的时候就被抱做童养媳，4岁就开始辛苦的劳作，因为一次意外遇见了表兄。在表兄的影响下，她毅然地参军、入党，当时年仅15岁。小小年纪的她很快学会骑马，还掌握了双手持枪射击的本领。她与另一个女孩胡筠一起组织了近千人的女游击队，参加了多次战役并取得胜利，两人被合称为“双芙蓉”，贾春英更赢得了“双枪”春姐的威名。新中国成立后，她归隐乡里，生活艰难却始终不要国家救济，自食

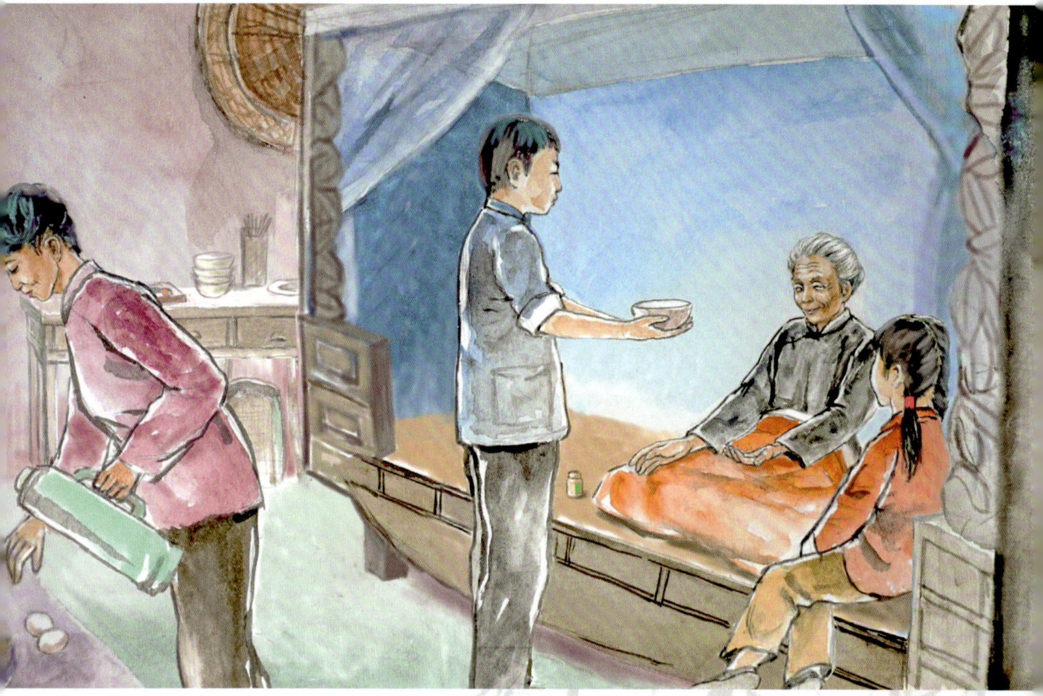

晚年贾春英病重，睡梦中也念念不忘“苏维埃”“红旗”等关键词

著名党史专家石仲泉赞扬贾春英是“一位杰出的革命女性”

其力，支撑着一家人的生活，直到1984年平静离世。多年以后，她的后人为传承红色基因，把这段红色历史展现在了我们面前。

书读完了，而我的心却久久不能平静。贾春英，一个普通、勤劳的女孩，出身贫寒，生活艰苦，在表兄的鼓舞下参加革命，为了劳苦大众的幸福，奋勇杀敌，不畏牺牲；新中国成立后，隐姓埋名，不居功自傲，从不向政府要特殊待遇，不给国家找麻烦。一幅幅生动的画面在我眼前打开，一位女英雄也逐渐浮现在我的面前。究竟是怎样的信念支撑着她做出这样的选择呢？这时候，另一位女英雄的形象浮现在我的脑海，她就是女飞行员余旭。余旭是一位优秀的女飞行员，曾参加过建国60周年的阅兵式飞行表演，在一次训练中意外牺牲，年仅30岁。这样一个年轻的女孩，又是什么让她选择战斗机飞行员这样一项高难度、高风险的事业？一位将军说过，选择成为军人，就是选择了牺牲和奉献。为了国家富强，民族振兴，人民幸福，甘愿奋斗一生，甚至牺牲生命，这不正是千千万万个“贾春英”的理想和信念吗？

在和平时期的我们，又该如何传承这样的理想和信念呢？现在，我们不再为吃饱穿暖而发愁，但是我们的祖国仍然面临很多困难，我们与世界上的那些经济强国比，还存在一些差距，甚至有些国家在经济、军事上处处制约、打击我们。我们只有朝着日益强大不断迈进，才能缩短这些差距，我们的中国梦才能早日实现。这，就是我们这一代人所肩负的任务。作为一名学生，我们现在能做的就是学习，勤奋刻苦地学习。在学习的路上，同样存在着坎坷和艰辛——在每一个寒冷的冬晨准时离开温暖的被窝，把每一个疑问钻研透彻，坚持完成每天的学习计划……这些看似普通的事情，要做到每一天都不松懈，相信对我们都是不小的挑战。没有人能随随便便成功，只有拥有了坚定的信念，时刻把建设强大的祖国当作自己的理想，才能坚持下去。百年前，前辈们发出“为中华之崛起而读书”的呼声；今天，我们要“为中华之腾飞而读书”！

贾春英在食道癌晚期昏睡之际，仍喃喃念着“苏维埃”“红旗”，这是何等坚定的信念啊！传承就是最好的缅怀。我们要时刻用先烈们的不朽功绩鞭策自己，传承红色基因，磨砺理想信念，不忘初心、牢记使命，为建设强大的祖国做出自己的贡献。

黄石市广场路英才学校606班

向语箫

红色的注释

今年暑假，我读了一本书，名叫《“双枪”春姐》，它让我的心灵为之震撼。

这本书中的贾春英于1912年出生于阳新县陶港镇贾村一个贫困家庭，1927年加入中国共产党，历任鄂东特委妇委书记、湘鄂赣省委巡视员等职，与红军时期著名女将胡筠并称湘鄂赣“双芙蓉”。战士们也亲切地称她为“双枪”春姐。其丈夫潘涛抗日战争时任新四军游击大队长，1940年率部在咸宁嘉鱼与日寇激战五天五夜，直到只剩下他一人，最后壮烈牺牲。新中国成立后，贾春英解甲归田，务农为生，直至1984年离世。生前，她坚持不要个人待遇，不要国家抚恤，不吃政府救济，高风亮节令人肃然起敬。

回首看看我们现在的生活，没有战争，没有硝烟，每天衣食无忧，自由自在。可是你们想过我们现在的幸福生活是如何得来的吗？它是中国几十万人抛头颅、洒热血换来的。年仅15岁的贾春英已经加入了中国共产党，15岁的我们还在家里“嗷嗷待哺”。被捕的她每天受尽折磨，苦不堪言，而我们遇到一点儿挫折就垂头丧气。相比之下，我们这些困难又算些什么呢？现在，那些贪腐分子，他们为了权力、金钱和荣誉，不择手段，还想让后人一直传唱他们。但是贾奶奶却不一样，她13岁就开始为民族的独立、人民的幸福奔波征战，但祖国强大了，她却悄然离去。她一生，从不炫耀功绩、从不计较待遇，唯有满身伤痕为她英雄的一生留下注释。如今祖国强大了，富足了，但是作为后代的我们还要努力，要牢记红色的故事，缅怀先烈，接过先辈的旗帜，发扬并传承下去，让祖国变得更加强大，让中国成为腾飞的巨龙！

黄石市广场路英才学校606班
周筠杰

向先烈致敬

为庆祝红军长征胜利80周年和建党95周年纪念日，我从书架中抽出了几本一直珍藏着的红色系列小说，开始津津有味地读了起来。

我最先读的就是《“双枪”春姐》。这是一部特别经典的红色党史连环画。主要讲了春姐贾春英传奇的一生。贾春英出生在陶港镇贾村。4岁就开始经历各种苦难，饱受生活折磨的她，练就了坚定的毅力。在明白了自己的前途和命运时，贾春英心中的那盏灯被点亮了，她毅然决然地扯掉了裹脚布，拿起了刀枪。在战场上，贾春英面对国民党的枪弹，毫不退缩，英勇杀敌，多次歼灭敌人，被誉为“美丽的女侠”，和胡筠并称为“双芙蓉”。后来，贾春英由于叛徒出卖被抓，但是她面对敌人的长鞭和无数折磨始终坚贞不屈……

读完这本书，我的心中不禁掀起一股久久难以平复的“红色潮”。虽然这本书我早已读完，但是，当年贾春英跃马扬枪的情景深深地刻在了我的脑海里。我觉得，一种精神，能够在时间的淘洗中日益增其光亮，不仅因为它牢牢烙印在历史深处，更是因为它丝丝融入时代脉动。我们应当深入发掘贾春英和潘涛先辈的时代价值，重温革命传统，汲取精神养分，进一步传承红色基因。在作家与画家的笔下，一段“雪藏”的红色传奇得以复活。文中，贾春英老人同那个时代的大多数人一样，出身贫苦，为了改变命运而投身革命。在贾春英身上，充分体现出了红军的光彩和顽强。在价值观念日趋多元的今天，我们更需要缅怀先烈们可歌可泣的不朽功绩，来调校我们的价值观取向，找准我们的人生坐标！

传承是最好的缅怀。儿童是祖国的花朵，也是共产主义的接班人。作为“红色”的后代，我们应该在纪念碑前，向先烈致以最高的敬意！

黄石市广场路英才学校 606 班

吴士轩

珍惜今天

彩色连环画《“双枪”春姐》全面真实地记录了“双枪”春姐贾春英的铿锵传奇及其丈夫潘涛抗击日寇的悲壮人生。阅读了《“双枪”春姐》后，每每有人提到“双枪”春姐，我的眼前就会浮现出她跃马扬枪的英姿。

贾春英，有着一个悲惨的童年，经历了繁重家务和劳作之苦，饱受肉体和精神煎熬，但她充满着对美好生活的向往和敢于斗争的勇气，毅然投身到革命中，建立起农会、妇救会、农民自卫队，参与红军战斗任务。经过长期的艰苦磨炼，贾春英不仅在妇女运动方面成绩斐然，而且还以能征善战而闻名。在湘鄂赣地区，跃马扬枪，威震一方，与红军传奇女将胡筠并称湘鄂赣“双芙蓉”。1936 年 10 月，贾春英遭叛徒出卖，受重伤被捕。获救后重新回到组织的怀抱，并与潘涛相爱、结婚。婚后不久，潘涛急赴抗日前线，过家门而不入，后在战斗中不幸壮烈牺牲，年仅28岁。丈夫的牺牲对贾春英的打击无疑是巨大的，但她没有被打倒，她一面抚养孩子，一面继续从事地下情报工作。

晚年，这位可敬的老人像村里妇女一样日出而作，日落而歇，默默无闻地生活着，从没享受过红军失散人员待遇，从未向组织提出任何要求，始终坚持着不要国家抚恤，不吃政府救济，自食其力支撑着家庭。1984年3月18日，老人摆脱了伤病的折磨，带着对丈夫的怀念，平静离世，带走了一生的传奇。

是啊，贾春英有一个悲苦童年，她并没有被悲苦的生活打垮，而是作为成长的一种磨炼；国民党打手破坏群众大会时，别人都吓得往后退了一步，她却勇敢向前，将其打倒；在狱中，无论是敌人假惺惺地殷勤伺候，还是血淋淋地酷刑折磨，她始终坚贞不屈。在战争中她是一位英姿飒爽的女战士，在生活中她是一位和蔼可亲的大姐。在她的革命生涯中，生与死往往在一线之间，她却从未想过退缩。13岁就开始为民族的独立、人民的幸福奔波征战，她一生，从不炫耀功绩，从不计较待遇，唯有满身的伤痕为她英雄的一生留下最好的注释。

“倭寇不除，国无宁日，谈何家全?”“抗战胜利之日，就是我返家之时。”从她丈夫留下的泛黄的家书中，仍然可以读到当年的硝烟和苦难、思念和牵挂，以及潘涛以死殉国的毅然决心，这不仅仅是一个丈夫留给妻子的美好回忆，更是留给我们每一个人的精神财富。

现在，我们坐在宽敞明亮的教学楼里上课，不会再听到硝烟弥漫的炮弹声，不会再在恐惧中生活，听到的是同学们朗朗的读书声、愉悦的歌声和欢快的笑声。当我们穿着崭新的校服，系着先辈用鲜血染成的红领巾，站在操场上，面对冉冉升起的国旗，我们庄严地唱着国歌时，我深深地体会到现在的和平生活是多么的来之不易啊！所以，我们现在要努力学好科学文化知识，为把祖国和家乡建设得更加美好而奋斗。

黄石市广场路英才学校 *606* 班
敖婧妍

为了中国强

这一周，我看了一本有趣、励志和感人的书，它就是红色连环画《“双枪”春姐》。这本书是从“双枪”春姐贾春英的孙子潘平的回忆开始。当年，贾春英跃马扬枪，在前线作战，保护着百姓的安危，名震湘鄂赣。“双枪春姐”的雅号一些老红军战士晚年还记得。新中国成立后，她归隐乡里，独自将烈士遗孤抚养成人。村民们没有想到，这位看似平凡的农村老太太竟是中共早期党员、鄂东南特委常委、鄂东南妇女会主任、湘鄂赣省委巡视员。

当我读完《“双枪”春姐》这本书后，有了许多感悟。贾春英同志从15岁就开始了漫长的革命道路，在这条路上，她浴血奋战，保护百姓，在前线与其他战友们抛头颅、洒热血。一种精神能够在时间的淘洗中日益增其光明，是战士们的爱国爱民的精神，是这种精神铸就了中国人民坚强、坚持的性格。他们的精神不仅牢牢地映在了历史的深处，更丝丝融入了时代脉动。中国革命的道路是漫长而艰苦的。如果没有一个个像贾春英一样的同志们，我们又怎么会有现在的这片蔚蓝的天空呢？我们现在的新生活都是老一辈的人在战场上用鲜血和汗水换来的。所以，我们应该更加珍惜我们现在的环境和他们以辛苦换来的幸福生活。我们再也不是以前的那个“东亚病夫”了，现在我国综合国力已经步入世界强国之林，我们是新的中国。而我们，可爱的小学生和孩子们，是新中国的花朵，所以，我们更要给祖国争光不是吗？

中国是我们的家园，我们一定要好好学习，振兴中华，为实现中华民族伟大复兴的中国梦不懈奋斗。因为，少年强，则国强；少年智，则国智！

黄石市广场路英才学校606班

田馨怡

无私精神代代传

前不久，我怀着十分崇敬的心情读完了《“双枪”春姐》这本连环画，它讲述了一位女中豪杰传奇的一生。

忆往昔峥嵘岁月，我的思绪仿佛回到了一个世纪前那战火纷飞的岁月，当年，她跃马扬枪，名震湘鄂赣，被人们称为“双枪”春姐，她就是贾春英。

贾春英有一个苦难的童年，她出生于阳新县筠山脚下的陶港镇贾村一个贫困家庭，在重男轻女的封建社会里，年幼时便被抱做童养媳，迫于生存，她辛苦劳作。幸运的是，她遇到了表哥罗冠国，罗冠国是一位革命者，他教给贾春英革命道理，从此贾春英年幼的心里埋下了一颗希望的种子，当她明白了自己的前途和命运之时，她庄严宣誓，踏上了革命道路，她有着对美好生活的向往和敢于斗争的勇气，是多么勇敢而坚强啊！

贾春英每次都能很出色地完成任务，但有一次在执行任务的途中，她惨遭叛徒出卖，突遇国民党军队埋伏，受伤被捕，在被关押的时候，严酷的现实时刻考验着她，然而无论是敌人假惺惺地殷勤伺候，还是血淋淋地酷刑折磨，都没有使贾春英屈服，我的心灵受到震撼，多么坚强的豪杰，铮铮铁骨，坚贞不屈。

新中国成立后，组织上任命贾春英为妇女主任。因为在狱中受了伤，她不堪繁重的工作，于是向组织提出辞职回乡。回乡后有段时间潘家的日子十分拮据，凭着她对国家的贡献，她本可以向组织提出享受相应的待遇，但她却甘愿清贫，不愿给组织找麻烦，不要任何照顾，硬是三十年如一日地挺了过来，默默无闻地生活着，不炫耀功绩，不计较待遇，还时常教育孙辈，要记得党的教导，要多为社会做贡献。孙辈们也牢记奶奶的教导，捐资修路，积极回报社会。

“春色无边仰先驱前仆后继抛头洒血乾坤转，英灵有慰赖后辈继往开来沥胆披肝日月新”，贾春英，您是“双枪”春姐，您是英雄豪杰。

我们应该永远记住贾春英的英雄事迹，我们应该永远继承贾春英的无私精神，我们更应该珍惜这用无数像贾春英一样的革命先烈生命换来的美好生活。

黄石市广场路英才小学606班

张小雅

精神与信念

“你在那个如罄的黑夜，向灿烂的黎明出发……”。近日，我阅读了由北京映山红公司赠送的图书《“双枪”春姐》，这本书演绎了一位为革命而献身的女子——贾春英的一生。

因为当时重男轻女的封建思想，贾春英出生刚满 8 个月便被抱去做童养媳。在一次偶然的情况下，年仅 15 岁的她成为了一名革命战士，成为了一名为人民解放而奋斗的女战士。她一生担任了多个重要职务：鄂东特委妇委书记、鄂东南妇女会主任、湘鄂赣省委巡视员等。她就像一股春风，将她的聪慧、坚强、质朴的性格吹进了封建社会，吹进了战场。

让我印象深刻的是：在一次执行任务时，她遭到叛徒彭一湖出卖，重伤被捕。在牢房里，意志坚强的贾春英没有被酷刑的折磨所屈服。在牢房里，她与姐妹们共唱红色歌曲度日，这得多坚定的意志才能做到啊！在敌人非人的虐待下，我想她也会感到疼痛，她也会因为受不了痛而偷偷地哭泣，她也想去看外面的春天！但是为了国家，为了苦难中的人民，她忍住了。是什么让她，一位柔弱女子拥有这样坚定的意志？是信念！是为了人民解放的信念！她将自己的一生，全部献给了革命事业。

潘涛，贾春英生死相依的战友，也是贾春英的丈夫。在一次与日寇激战时壮烈牺牲，年仅 28 岁。他留给了我们每个人一笔宝贵的精神财富——以死殉国的毅然决然和共产党员无畏的革命信念。

“我准备随时牺牲，革命就是要死人的！”这是贾春英“教训”自己公公的话，也是她的内心独白。她抱着必死的决心，在战场上冲锋。她就像一朵铿锵的玫瑰在时代的洪流中绽放。让她的精神永远地激励我们吧！

黄石市广场路英才学校 607 班

张　昀

伴我成长的精神

她，跃马扬枪，名震湘鄂赣，昔日她有着荣耀与辉煌，她被誉为“双枪”春姐，她待朋友如热火，待敌人如冰霜，她是被后人传颂的革命女战士——“双枪”春姐贾春英！

贾春英有一个苦难的童年。她出生于1912年，湖北省阳新县筠山脚下的陶港镇贾村，就是贾春英的故乡。贾春英出生在那个重男轻女的年代，仅8个月，她就被姑妈倪氏抱做童养媳。

1925年的春天，她毅然地加入了中国共产党——这个充满热情的为了人民的解放事业而奋斗的大家庭。

1936年10月初，贾春英在执行任务时被叛徒彭一湖出卖，重伤入狱。在那黑暗又潮湿的牢房里，贾春英被关押了好几个月，在这几个月中，贾春英受尽了非人的虐待。可不论是敌人假惺惺地殷勤伺候，还是血淋淋地酷刑折磨，她始终不肯屈服，就是不透露半个字。当我看到这里时，十分佩服春姐坚贞不屈的精神和誓不低头的态度。春姐为了人民的美好未来，忍着痛、咬着牙，硬是挺了过来。真像鲁迅先生所说的“横眉冷对千夫指”！正是这些革命先烈的血与泪，才换来了我们的幸福。所以我们更应该珍惜这来之不易的幸福！

春姐一生为革命事业做过许多贡献。到了晚年，她隐居在家里时，一些亲戚和昔日的战友叫她向组织要些特殊待遇和抚恤，可春姐总是一口回绝。她总是说：“我们革命，不为当官也不为钱，只图百姓能吃到饭，能有民主和自由。”我看到这豪迈的语言时，热血沸腾了，我被春姐的无私所感动。她到老也不领国家抚恤。不变革命初心，只为拯救人民！让人民过上好日子，让人民拥有民主权，是她最大的梦想，就像“俯首甘为孺子牛”一样对人民忠心不变。

春姐的革命事迹鼓励我前行，我相信，春姐的精神是同我们永远在一起的！

黄石市广场路英才学校607班

曹烨晨

不朽的“春姐”

“砰，砰，砰——”战火飞扬的战场上，硝烟与尘土混杂在一起，遮掩住了那蓝蓝的天空。“同志们，冲啊!”一位女战士的声音响彻平江。也许是这豪迈的声音激励了大伙吧，只听一阵马蹄声传来，一位矫健的女战士映入我的眼帘——手持双枪，杀敌无数；脚踏马上，风驰电掣。使其平添了一股英姿飒爽的气概……

这位女战士便是《“双枪”春姐》这本书中的主人公“春姐”贾春英。贾春英是谁？她1912年出生于阳新县筠山脚下的陶港镇贾村。18岁就任鄂东特委妇委书记，后又任鄂东南妇女会主任等职。此外，她还参加了“智取修水”“巧夺平江”等重大战役，成为了大名鼎鼎的女英雄。贾春英要感谢一个人，这个人便是她的嫡亲表哥罗冠国。在重男轻女的封建社会里，贾春英4岁时就开始经历繁重家务和劳作之苦。在她13岁那年，有一天背着一筐沉重的猪草下山，结果不巧碰到大雨天，脚下一滑滚下山坡……就在这时，贾春英被她的表哥罗冠国发现并救了她。回到家里，这位负责传播革命理论的表哥也给贾春英灌输了革命理论——跟命斗！于是，这颗种子在贾春英稚嫩的心田里慢慢成长……初读到这里，我也很疑惑，跟命斗？拿什么跟命斗？怎样跟命斗？为什么要跟命斗？后来我仔细一琢磨，明白了！跟命斗就是努力，就是奋斗，就是让自己从一个境界升华到另一个境界。在现实中，如此与命斗的人并不少。史蒂芬·霍金，牛津大学教授，因为患有渐冻症，导致全身瘫痪。霍金却并没有任由命运宰割，他重拾了手上的笔杆，编写出了轰动全球的著作《时间简史》。如果没有罗冠国为贾春英浇灌革命知识，那么春姐这个救世主英雄还会出现吗？

有人说，书是灵魂的归宿，而我认为《“双枪”春姐》是革命精神的延续。是你——《“双枪”春姐》让我懂得了与敌人做斗争的大无畏精神，以及“跟命斗”的不屈精神。是你——《“双枪”春姐》让我懂得了这么多。

黄石市广场路英才学校607班

卫君翰

烙印

灯光暗下，我向繁星剪下一缕微光，读着《“双枪”春姐》这本连环画，画上的春姐贾春英那拿着双枪骑在马上，与敌人勇敢奋战的感人景象在我心中久久不能离去。

在一次战争中，贾春英虽然杀敌无数，英勇战斗，但因叛徒出卖，最终被俘，被关入牢中。敌人希望能从她的口里得到信息，但不管是敌人假惺惺地殷勤伺候，还是血淋淋地酷刑折磨，都没有使贾春英屈服。从她的口里，得不到一点信息。贾春英在狱中虽然过着地狱般的生活，但她仍与同被关押的姐妹们坚定不屈地唱着红色革命歌曲。

贾春英那骨子里透露出的坚贞不屈的气息荡气回肠，一滴滴眼泪落在连环画上，连环画上贾春英的眼神变得更加坚定，她的坚贞不屈是那么让人感动。无论敌人怎样折磨，她都不说出情报，正是因为有这样意志坚定的战士在战场上拼搏，才会有我们今天的美好生活。贾春英小时候特别苦，年仅 4 岁就开始经历繁重家务和劳作之苦，肉体和精神上饱受煎熬，无论春夏秋冬，无论风吹雨打，贾春英都得上山砍柴打猪草，一不小心还会滚下山坡。而我们呢，都已经 11 岁了，别说上山打猪草，连家务都不做。我们过着美好的生活，吃喝都不用愁，深受父母溺爱，与 4 岁就被父母派去干苦活的贾春英相比是多么的幸福，我们有什么资格向父母要这要那，不为他们分担家务，做家中的“小霸王”。要知道，我们现在的美好幸福生活，是贾春英以及像她那样的英雄用自己的生命换来的。我们应该学习她的精神，向她以及其他像她一样的革命战士致敬。

“苦难是块磨刀石”。这是贾春英所说的话，这句话就像烙印一样深深地刻在我心上，永远不能离去！

黄石市广场路英才学校 607 班

程俊哲

永不褪色的精神

在漫长的历史长河中，有名留青史的秦始皇，有吟诗千首的李白，有威震一方的汉武帝……但让我印象最深刻的还是那位“双枪”春姐——贾春英。

我第一次“见”到春姐时，是在《“双枪”春姐》这本书里。双手持枪，纵马扬鞭，贾春英的形象跃然纸上。嘶鸣的骏马，坐在马背上的贾春英，眼观六路，耳听八方，双手紧握双枪，以及那挺直的脊梁，那铮铮傲骨，瞬间吸引了我的注意，也让我不禁好奇起来：是怎样一位奇女子，才能在这满是硝烟的战场上厮杀，与队友并肩作战？

事实证明，贾春英并没有什么特别之处，她没有显赫的家世，她也没有数不清的金钱，她更没有过人的奇特本领。正如我们这些千千万万的普通人一样，她是平凡的。但正是这样平凡的她，谱写了一个不平凡的传奇。

在最动荡的年代，在最懵懂的年纪，贾春英上了人生中最重要的一课，也是改变她命运的一课。罗冠国告诉她：“不是你的命苦，而是你不能掌握自己的命运才苦，还有你不懂得跟命运做斗争。”无疑，这句话给了贾春英很大的启发，也让我发现在那个年代，他们过得是多么艰苦。那个年代有的不仅是天灾，还是一个吃人的社会。那时的艰苦和黑暗是现在锦衣玉食的我们无法想象的，更是我们无法接受的。

为了我们现在安定、幸福的生活，贾春英一个女流之辈带领无数妇女，在那个布满荆棘的社会硬生生地开出了一条阳光大道，一条血路。其中牺牲的人不知有多少，这中间也有贾春英的丈夫——潘涛。

我不知道当时贾春英的心情是怎么样的，一定有种天塌了的感觉吧！可是让我惊奇的是，她没有颓废，而是重振雄风，一人带着孩子，继续在暗中为革命事业而奋斗，不为儿女私情所扰，而是始终把党和人民放在第一位，这是多么宽阔的胸怀啊！比起我们为了一点小事就哭天喊地，不管不顾，她就像一座巍峨的高山，供我们后人敬仰。

即使贾春英慢慢地老了，但她的精神永不褪色。贾春英影响的不仅仅是一代人，而是数代人。她的儿子，儿子的儿子……都是听着她的故事长大的，听着红色故事长大的。她就像一束蒲公英，即使自己枯萎了，但她的精神会像种子一样，飞向四方，影响着中华少年。

贾春英面对敌人的勇敢机智，面对困境的沉着冷静，面对噩耗的坚强不屈，无不是我们学习的榜样。

或许我们无法像她那样上战场杀敌，保家卫国，但我们却能用心学习，将来为国争光；或许我们不能像她一样为战友冲锋陷阵，出谋划策，但我们能在朋友最困难的时候伸出援手。让我们来争做贾春英，谱写一个属于自己的传奇！

贾春英并没有秦始皇的指点江山，并没有李白的才情诗意，并没有汉武帝的威武霸气，她如同那繁星里的一颗小小的星星，平凡无比。但是，她却在历史长河中留下了浓墨重彩的一笔，让我们后世的人记住她的一生。

黄石市广场路英才学校607班

肖　瑶

后记：奶奶的言传身教是她留给我的最大财富

一个人的人生走向、性格形成与童年经历有很大关系，童年在一个人一生中可谓非常重要，这已经被很多心理学家所证实。著名儿童教育家阿德勒说过，“幸运的人一辈子被童年治愈，不幸的人一生治愈童年”。如今，人生几近过半，回首前尘往事，我常常感到自己是幸运的，因为在童年最宝贵的时光里，有我的奶奶贾春英和我作伴。

我从小在奶奶身边长大，听她讲述当年跟着彭德怀和许多先烈一起出生入死、惊险刺激的经历，也看着她屡屡拒绝来自组织的待遇和旧部好友的资助，常常心生敬意。奶奶从不给我讲什么大道理，她只是用行动告诉我，一个人应该怎样度过一生，要做一个仰无愧于天，俯无愧于地，行无愧于人，止无愧于心的人。奶奶虽然是个女子，但她心胸磊落，做事大气，杀伐决断，能拿得起放得下，很有英雄气概，晚年在村里威望很高，这是童年时奶奶留给我的最初印象。

1984年，奶奶因病离世，享年72岁。奶奶曾经给我讲述过的那些革命故事，像电影一样开始在我脑海中反复播放。也或许是因为从小听这些革命传奇故事长大，我从小就对奶奶亲历的那段革命历史很感兴趣。心里也隐隐觉得，奶奶并不是一个普通的老红军，她一定还有很多传奇故事。走上工作岗位之后，工作之余，我开始翻看党史资料，将奶奶贾春英和爷爷潘涛的过往从尘封的故纸堆中挖掘出来。我对奶奶和爷爷的了解，也随着我几次去湘鄂赣、鄂东南走访幸存的革命老战士而更为清晰起来。

越了解奶奶和爷爷，也就越发敬佩他们。爷爷潘涛，骁勇善战，遇到强敌从不退缩，年仅28岁就遭日寇伏击，惨死战场。奶奶一边辛苦抚养遗腹子，一边上战场杀敌，从未因为自己是女性就留在后方，她多次被捕，又多次死里逃生。身上到处是枪伤，不到40岁就被病痛压得腰都直不起来。就是这样，新中国成立后，她却放弃了本该属于她的待遇，选择解甲归田。越了解奶奶，越觉得奶奶是一本奇书，一本大书，是我一生永远也读不完的书。

正是由于对爷爷奶奶的怀念之情，怀着对他们那一代革命先烈的崇敬，我开始研究湘鄂赣苏区革命根据地那段历史。工作之余我把绝大部分精力放在挖掘红色遗迹上，收集革命战争时期物品，奔走于革命老区，倡导红色文化，我也很想把爷爷奶奶的故事记录下来，讲述给更多的人听。我从小跟着奶奶长大，最了解奶奶，奶奶走了，我觉得我有义务把奶奶生前做过的事记录下来，作为永久的记忆。

2016 年秋天，我请了著名的红色作家余玮编撰文字，青年画家龙翔绘图，将爷爷奶奶的事迹以连环画的形式呈现出来，这本连环画自上市以来，收到了很好的效果，不少朋友给我反馈，他们的孩子很爱看。我又赠送了 860 本给湖北省黄石市广场路英才学校，孩子们看了纷纷写下自己的读后感。这些都是我所没有料到的。

闲暇时，我常会阅读这些孩子们写的文稿，常常心生感动。最初是想着纪念爷爷奶奶的革命事迹出版了这本连环画，却没有想到爷爷奶奶的故事感动了那么多的人，尤其是孩子们。所以，时隔近两年，我决定把这些孩子们的征文结集出版，也让孩子们真挚的文章有了一个圆满的结果。于是就有了这本《红领巾与春姐》的书。

奶奶给了我童年巨大的滋养。奶奶一生清贫，没有给我们留下什么有形的财富，但是她驰骋沙场，横刀立马，英勇无畏的精神却一直鼓励着我，遇到任何事情，都会勇敢地去面对。而奶奶高风亮节，淡泊名利的革命精神，是最好的言传身教，也是我一生中最大的精神财富。我也期待着，将奶奶的精神传承下去，去影响，去滋养更多的孩子们。

习近平总书记常常说，“红色革命传统教育要从娃娃抓起”。我想，怎样才能让孩子们接受革命传统教育呢？首先以传统的连环画形式吧，图文并茂。让孩子们从小接触红色故事，了解烽烟战场的残酷，体会革命先烈的付出与牺牲。除了将红色故事，红色书籍送往校园，我还构思在湘鄂赣三地选址建设三所红军小学，让生活在和平时期的孩子们感受到安宁生活的来之不易。

家富万贯过不了三代，但精神的财富可以世代相传。红色教育这条路很长，我还会继续走下去，也永远没有结束的时候。同时，我也通过传播红色文化，在精神上和爷爷奶奶走得更近了。我觉得，奶奶从未走远，仿佛一直在我身边。

潘涛、贾春英之孙：潘　平

2020年12月

封面题字：赵可铭
责任编辑：陈建萍
封面设计：石笑梦
版式设计：胡欣欣

图书在版编目（CIP）数据

红领巾与春姐 / 潘平 编 .—北京：人民出版社，2021.2
ISBN 978 - 7 - 01 - 021271 - 5

I. ①红…　II. ①潘…　III. ①贾春英 - 生平事迹　IV. ① K827=7

中国版本图书馆 CIP 数据核字（2019）第 204943 号

红领巾与春姐
HONGLINGJIN YU CHUNJIE

潘 平 编

人民出版社 出版发行
（100706　北京市东城区隆福寺街 99 号）

北京盛通印刷股份有限公司印刷　新华书店经销

2021 年 2 月第 1 版　2021 年 2 月北京第 1 次印刷
开本：880 毫米 ×1230 毫米 1/32　印张：9
字数：150 千字

ISBN 978 - 7 - 01 - 021271 - 5　定价：38.00 元

邮购地址 100706　北京市东城区隆福寺街 99 号
人民东方图书销售中心　电话（010）65250042　65289539

版权所有 · 侵权必究
凡购买本社图书，如有印制质量问题，我社负责调换。
服务电话：（010）65250042